동화와 놀이로 배우는

$ 어린이 $
플레이코노미

동화와 놀이로 배우는

$ 어린이 $
플레이코노미

초판 1쇄 인쇄 | 2023년 12월 28일
초판 1쇄 발행 | 2024년 1월 4일

지은이 | 지수희
펴낸이 | 박영욱
펴낸곳 | 북오션

주　소 | 서울시 마포구 월드컵로 14길 62 북오션빌딩
이메일 | bookocean@naver.com
네이버포스트 | post.naver.com/bookocean
페이스북 | facebook.com/bookocean.book
인스타그램 | instagram.com/bookocean777
유튜브 | 쏠쏠TV·쏠쏠라이프TV
전　화 | 편집문의: 02-325-9172 　 영업문의: 02-322-6709
팩　스 | 02-3143-3964

출판신고번호 | 제 2007-000197호

ISBN 978-89-6799-805-9 (03320)

동화와 놀이로 배우는

$ **어린이** $

플레이코노미

지수희 지음

북오션

"어린이들의 경제 공부에 꼭 필요한 책"

우리가 살아가는 데 필요한 것은 한두 가지가 아닙니다. 그런데 이것들을 얻으려면 돈이 있어야 합니다. 그러면 돈은 어떻게 얻어질까요? 늘 부모님에게 돈을 타쓰는 어린이들은 그 돈이 마치 공기처럼 얼마든지 거저 생기는 것처럼 생각하기 쉽습니다. 돈이 그렇게 거저 얻어지는 것이라면, 돈을 절약해 쓸 필요가 없습니다. 그러나 돈이 땀 흘려 일해야 벌 수 있다는 것을 알게 되면 돈은 절약해 써야 하고 헛되이 낭비해서는 안 된다는 것을 깨닫게 될 것입니다.

그러면 돈은 어떻게 써야 할까요? 우선 그 돈을 지금 당장 소비할 것인가 아니면 장래를 위해 저축해 둘 것인가를 결정해야 합니다. 지금 당장 소비 목적으로 쓴다고 하면, 어떻게 해야 할까요? 같은 것을 사는데 되도록 적은 돈을 내야 할 것이고, 같은 금액의 돈이라면 되도록 사고 싶은 많은 것을 사야 할 것입니다.

장래를 위해 저축하기로 한다면, 어떻게 해야 할까요. 현금을 그대로 둘 수도 있고 은행에 정기예금 할 수도 있으며, 증권시장에서 주식을 사둘 수도 있습니다. 현금을 그대로 가지고 있으면 물가가 오르는 만큼 손해를 봅니다. 은행에 정기예금을 해두면 이자가 붙지만 제때 꺼내 쓸 수 없다는 불편함이 있습니다. 증권시장에서 주식을 사두면 큰 이익을 기대할 수 있지만, 주식 가격이 내려가면 손해를 보는 위험이 있습니다.

이러한 모든 문제가 바로 경제 문제입니다. 그래서 경제 문제는 우리의 일상생활 문제라 할 수 있습니다. 그렇기 때문에 이러한 경제 문제들은 어려서부터 익히고 배우도록 해야 합니다. 선진국에서는 유치원이나 초등학교 때부터 경제 교육을 실시하는 경우가 많습니다. 그런데 경제 문제에 대한 설명은 너무 어렵다는 것이 늘 문제가 되어 왔습니다.

이번에 한국경제TV 기자이며, 두 아이의 엄마인 지수희 기자가 어린이들이 경제 공부를 재미있게 할 수 있도록 《동화와 놀이로 배우는 어린이 플레이코노미》를 펴낸다고 합니다. 이 책은 일상생활에서 경험하는 경제 문제들을 동화책을 읽거나 놀이를 통해 쉽고 재미있게 설명하고 있습니다. 지수희 기자는 방송사 기자로서 2020년 코로나 전염병으로 나라 경제가 어려울

때 해법을 찾기 위해 나를 찾아와 인터뷰했던 유
능한 기자입니다. 우리 어린이들이 경제 공부하는
데 이 책이 꼭 필요하겠다는 생각이 들어 추천사를
써 주겠다고 했습니다.

아무쪼록 많은 어린이가 이 책으로 재미있게 경제 공부를 하
게 되기를 바랍니다.

박 승 중앙대 명예교수, 전 한국은행 총재

"전 세계 금융은 실시간으로 연결되어 있습니다"

2008년 미국에서 시작된 글로벌 금융위기가 전 세계 금융시
장과 세계 경제를 뒤흔들었습니다.

금융위기는 저신용자들의 주택담보대출(서브프라임모기지,

Sub-prime Mortgage)의 부실에서 시작됐습니다. 우리나라의 한국은행과 비슷한 역할을 하는 미국 연방준비제도이사회가 금리를 빠르게 올리자 대출이자와 원금을 갚지 못하는 사람이 늘었고, 이들에게 돈을 빌려준 금융회사도 파산했습니다. 또 서브프라임모기지를 기초자산으로 하는 투자상품을 만들어 판 투자회사 리먼브라더스도 결국 파산할 수밖에 없었으며 이러한 상품에 투자한 전문 투자자조차도 큰 손실을 입었습니다.

우리나라의 금융시장도 크게 출렁였습니다. 달러 가치가 급등하면서 외화 유출에 대한 우려가 커졌습니다. 원화 환율이 급등하고, 금리도 빠르게 상승했으며 주식시장은 곤두박질쳤습니다. 당시 우리나라는 미국과 원화를 주고 달러를 받아오는 '통화 스와프(Currency Swap)' 계약을 맺어 가까스로 금융시장 안정을 꾀할 수 있었습니다.

이렇게 우리나라 경제는 글로벌 경제와 주요국 금융시장의 영향을 크게 받습니다. 우리가 금리와 환율, 저축과 투자 등 기본적인 지식뿐 아니라 세계 주요국에서 벌어지는 일들에 관심을 가져야 하는 이유입니다. 어려서부터 아이들이 금융의 기본지식을 배우고, 세계 경제 현상에 관심을 갖게 된다면 어떨까요? 올바른 경제관념이 쌓이고 위기에 대처할 수 있는 힘이 생길 것입니다.

그런 점에서 어렸을 때부터 어렵게 느껴지는 금융과 경제를 아이들이 쉽고 재미있게 접할 수 있도록 부모들이 도와주셔야 하겠습니다. 이를 위해 이 책은 부모님들께 좋은 길잡이가 되리라 생각합니다. 특히 각국의 화폐에 대해서 이해하고, 유기적으로 연결된 경제 현상에 대해 아이들과 이야기해볼 주제가 많다는 점이 흥미롭습니다.

이 책을 통해 아이들이 세계 경제와 금융에 대해 쉽게 다가가고 이해가 차곡차곡 쌓이기를 기원합니다.

하영구 전 한국씨티은행장

"우리 아이들의 미래는 지금보다 풍요롭길…"

2022년 10월 기준 세계 상위 5위의 자산운용사들은 모두 미국의 회사입니다. 블랙록이나 뱅가드, 피델리티, 스테이트스트리트 글로벌, JP모건 등 상위 5개 회사가 운용하는 자금의 규모는 3경 원에 달합니다.

1위 운용사인 블랙록이 운용하는 자금은 1경 원 규모로, 우리나라 국민들의 미래를 책임지는 국민연금 운용 규모의 약 10배에 해당하는 금액입니다.

미국의 자산운용 시장이 이렇게 성장할 수 있었던 이유는 '투자'에 대한 국민들의 인식 때문입니다. 주요 자금이 있으면 그냥 묻어두거나 예금에만 저축하는 것이 아니라 이를 좀 더 확대하기 위한 활동을 하는 것을 당연하게 생각합니다. 그래서 어렸을 때부터 '투자'에 대해 아이들에게 교육하고, 퇴직연금 운용을 통해 미래를 준비합니다.

앞서 언급한 상위권의 자산운용사들이 대부분 퇴직연금 운용 비중이 높은 기업들입니다.

우리나라는 어떨까요? 경제 규모 세계 10위 국가임에도 불구

하고 우리나라 자산운용사들은 운용 규모 면에
서 100위권 밖에 있습니다. 다행히 제가 26년간 몸
담은 미래에셋그룹은 국내 최초로 자산운용사를 설
립하였으며, 국내 최초로 뮤추얼 펀드, 부동산 펀드, PEF(프라이
빗 에쿼티펀드) 등을 선보였습니다. 또 미국의 글로벌 X ETF(상
장지수펀드) 운용사를 인수하고, 캐나다와 호주 그리고 인도 등
전 세계 19개 지역 글로벌네트워크를 통해 한국 금융시장의 성
장을 선도하고 있습니다.

　하지만 여전히 한국 사람들은 '투자'에 대해 보수적입니다. 퇴
직연금의 상당수는 운용되지 못한 채 머물러 있습니다. 미국 사
람들이 은퇴 이후 풍요로운 삶을 사는 것과 달리 한국의 은퇴자
들은 여전히 노후를 걱정해야 하는 상황이 안타깝습니다.

　그런 점에서 지수희 기자가 이번에 출간한 《동화와 놀이로
배우는 어린이 플레이코노미》는 한국의 어머니와 미래를 이끌
어갈 아이들에게 '투자'에 대한 인식을 바꿔줄 것이라고 생각합
니다. 지 기자가 오랜 기간 국내외 운용사 취재를 통해 한국의
운용시장이 발전하는 데 기여한 만큼 아이들에게도 투자를 홍

미롭게 접하게 해 투자에 대해 긍정적으로 인식할 수 있게 되길 바랍니다. 무엇보다 우리 아이들은 너무 늦지 않은 미래에도 풍요로운 삶을 보낼 수 있게 되길 기대합니다.

최경주 미래에셋자산운용 부회장

"이 책이 아이에게 경제적 자유를 선물할 것"

인생은 의사결정의 연속입니다.

시간과 열정 등 제한된 나의 자원을 어떤 중요도에 따라 배분했느냐가 곧 나의 일생이 됩니다.

전공, 직업, 배우자 등 인생의 중요한 선택이 많지만 유일하게 한두 번에 끝나지 않고 평생 반복해야 하는 중요한 의사결정이 바로 '투자' 의사결정입니다.

　우선 나의 수입을 예금, 부동산, 채권, 상장 주식 등 어디에, 언제, 어떤 비율로 투자할 것인지를 결정해야 합니다. 또 금리나 유가, 환율 같이 생물처럼 끊임없이 변하는 경제 상황에 따라 자산 배분을 어떻게 재조정할 것인가도 끊임없이 고민해야 합니다.

　요즘에는 '직업'의 선택보다 '투자'의 선택이 더 중요한 시대가 됐기 때문입니다.

　따라서 어릴 때부터 경제 상황이나 산업의 변화에 관심을 기울이고 통찰력을 얻는다면 우리 아이들의 경제적, 사회적 위치는 달라질 것입니다.

　수십 년 골프를 한 50~60대 아마추어 골퍼가 어릴 때부터 체계적으로 훈련해온 10대 프로골퍼 지망생의 실력을 뛰어넘기 힘든 것처럼 어릴 때부터 경제 교육을 받은 아이는 머지않아 '투자의 프로'가 될 수 있습니다.

　엄마의 눈높이로, 오랜 경제 기자의 경험과 통찰력으로 쓰여진 이 책이 우리 아이들의 투자 의사결정 능력을 끌어올리는 데

큰 기여를 할 것입니다. 이 책이 우리 어린
이들에게 평생 무엇이든 할 수 있는 경제적 자유를
선물하리라 믿습니다.

이영창 신한투자증권 부회장

"현실에 적용 가능한 실용 교육"

교단에서 학생들을 가르칠 때, 교육의 내용이 지나치게 관념
적이어서 실제 생활에 얼마나 도움을 줄 수 있을까 하는 회의감
이 들 때가 있었습니다.

이번에 출간된《동화와 놀이로 배우는 어린이 플레이코노미》
의 내용을 보면서 오랫동안 가져온 회의감이 해소되어 가슴이
뻥 뚫리는 듯한 느낌이 들었습니다. 경제부 기자로 근무하는 저

자의 통찰과 두 아이를 기르는 엄마의 세심함이
고스란히 담겨 교육이 현실에 어떻게 도움을 줄 수
있는가 하는 물음에 대한 답변을 제시해 준 책이라
고 단언할 수 있습니다.

23년 전 시작된 작가와의 인연이 다시금 떠오릅니다.

늘 남들이 생각하지 못한 기발한 생각들을 제시하고 공감을
얻어 학생회장에 당선되어 학교생활에 도움을 줄 수 있는 대안
을 제시하는 순발력은 저자의 전매특허처럼 느껴졌으며, 대학
에 입학해서도 능동적으로 자신의 미래를 설계하고 실행에 옮
기려고 무던히 노력하며 치열하게 사는 모습이 대견하고 자랑
스러운 제자였습니다.

대학을 졸업한 후에는 기자가 되어 술 한잔 기울이며 자신의
삶을 들려주는, 그래서 이제는 내 인생의 일부가 되어 버린 친
구 같은 제자.

그 친구가 《동화와 놀이로 배우는 어린이 플레이코노미》라는
책 한 권으로 내가 오랫동안 학생들을 가르치며 들었던 교육과
현실이 괴리되었다는 회의감을 현실과 교육을 접목해 삶에 도

움을 줄 수 있는 경제 교육이 가능할 수 있겠구나! 하는 깨달음으로 바꾸어 주었습니다.

이 책 한 권으로 작가와 내가 현실적으로 가르침을 주고받던 관계가 역전되었음을 여실히 느낍니다.

김찬모 영훈국제중학교 교장

"돈 밝히는 아이로 키우자"

옛날에 저는 어른들이 용돈을 주시면 속으로는 좋으면서도 "아니에요"라고 예의상 한 번은 사양했습니다. 덥석 받았다가 '돈을 밝히는 아이'로 비치는 것이 싫었기 때문입니다. 우리나라는 예부터 '돈' 이야기에 대해서는 터부시하는 문화가 있었습니다. 부모님과도 '돈'에 대해서 제대로 이야기해 본 적이 없습니다.

그런데 경제 기자 생활을 10년 넘게 하면서 '돈을 밝히는 것이 나쁜가?'라는 의구심이 들었습니다. 기업들은 좀 더 많은 이윤을 남기기 위해서 연구하고, 아이디어를 짜내고, 사람을 영입하거나 구조조정을 합니다. 개인들은 더 많은 수익을 얻기 위해서 주식 종목에 대해 공부하고, 정보를 돈으로 사기도 하며, 화폐인지 아닌지 아직도 불명확한 비트코인에 배팅하고, 자산인지 아닌지 규정되지 않은 NFT에 투자합니다.

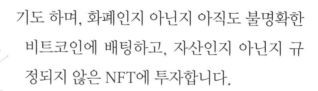

시대가 이렇게 변했는데 돈을 밝히는 것을 꼭 숨겨야 하는 건지 잘 모르겠습니다. 우리가 아이들에게 공부를 열심히 시키는 이유도 아이가 훗날 좀 더 좋은 직장에서 좀 더 높은 연봉을 받아 풍요롭게 살기를 원하는 마음이 기저에 깔려있지 않나요? 당장 나조차도 돈을 많이 벌어서 좀 더 좋은 차를 사거나 좀 더 좋은 집으로 옮기고, 좀 더 좋은 곳으로 여행을 가려는 꿈이 있지 않나요?

저는 '돈만' 밝히는 것이 나쁘다고 생각합니다. 돈보다 중요한 것들이 우리의 인생에는 정말 많습니다. 돈이 없어도 갖춰야 할 것들과 배워야 할 것들이 아주 많다는 것은 아무리 강조해도 지나치지 않습니다. 저는 이런 것들을 제대로 깨닫기 위해서라도 돈에 대해서 '제대로' 배워야 한다고 생각합니다. 돈으로 뭘 할 수 있는지, 뭘 할 수 없는지, 또 돈은 어떻게 벌고 어떻게 쓰고 활용하는 건지를 잘 알고 인생을 살아간다면 돈이 있을 때도 없을 때도 흔들리지 않는 삶을 살 수 있다고 생각합니다.

그런데 부모와조차 돈 이야기를 하지 못하는 문화에서는 아이가 돈에 대해 제대로 배울 수 없습니다. 부모와 언제 어디서든지 돈과 물건의 가격, 기업의 전략 등에 대해 이야기하고, 글로벌 국가에서 벌어지는 일들과 파생되는 경제 현상에 대해서 재미있게 접근한다면 아이들은 자연스럽게 경제관념을 배우고 경제적인 사고를 하게 되며 돈에 대해 제대로 된 관념을 갖게 될 것입니다.

오는 2025년부터 고등 교과과목에 '금융' 과목이 신설된다고 합니다. 정부도 금융교육의 중요성을 실감하고 있습니다. 금융 지식에 대한 부족으로 노후를 준비하지 못한 국민이 많아지면서 이들을 부양하기 위한 정부의 비용이 막대하게 지출되기 때문입니다.

실제로 국민연금 고갈에 대한 우려의 목소리가 계속 나오고 국민연금 개혁을 위한 논의가 진행되고 있지만 하루아침에 바뀌기는 쉽지 않습니다. 정부는 개인연금을 강화하기 위해 여러 세제 혜택을 주고 있지만 국민의 인식을 바꾸는 건 더 어렵습니다. 시간이 갈수록 우리 아이들이 부담해야 할 국민 노후 비용이 커지고 있습니다.

이런 상황임에도 고등학교 때 금융을 가르치는 것은 입시를 치러야 하는 아이들에게 크게 환영받지 못할 것이라는 생각이 듭니다. 무엇보다 저는 아이들이 고등학교 때까지 다양한 경제적 사고를 경험할 수 있는 시간을 낭비한다는 것이 너무 아깝습니다. 시간은 돈이고 그것이 누적되면 폭발적인 힘을 발휘할 텐데 말입니다.

금융 선진국에서는 어릴 때부터 금융 머리를 키우기 위한 교육이 활발히 진행되고 있습니다. 그 내용들이 쌓이고 쌓여 금융 선진국의 국민은 노후도 풍요롭습니다. 저는 우리 아이들이 경제와 금융을 재미있게 만나고 자연스럽게 익히게 되는 '당연한 것'으로 받아들이길 바랍니다.

앞으로 우리 아이들은 어른들에게 용돈을 받을 때 "아니에요"라는 속과 다른 말을 하기보다는 진심으로 "고맙습니다"라는 인사와 함께 '이 돈을 어떻게 활용할까?'라는 즐거운 고민을 하는 아이로 자랐으면 좋겠습니다. 그리고 돈보다 더 중요한 것들을 하나씩 갖춰 나가면서 돈 앞에서 전혀 흔들림이 없는 성인으로 자라, 물질적으로도 정신적으로도 풍요로운 노후를 보내게 되길 진심으로 바랍니다. 이 진심이 고스란히 이 책에 담겨 있습니다.

차 례

추천사   4

머리말   16

1장 경제가 겨우 이거라고?

01. '경알못' 서른 살에 경제 기자가 되다   24

02. 우리 삶의 모든 것이 '경제'   30

03. '금융 이해력'은 상식이 아니라 '생존 도구'   41

04. 경제가 즐거워지는 책 활용법   45

2장 놀기만 해도 쑥쑥 자라는 경제관념

01. 돈과 친해지는 놀이법   50

02. 국가별로 다른 화폐 탐색하기 놀이법   63

03. 화폐 가치 알아보기 놀이법   72

04. 벌어보고 모아보기 놀이법   83

05. 저축하고, 투자하고, 기부하기 놀이법   94

3장 경제 동화로 이해하고 놀이로 경험하기

01. 〈초코 퐁당 도넛 가게〉 108

02. 〈추위가 싫은 북극곰 '폴라 베어'〉 138

03. 〈쌓이고 쌓여〉 164

04. 〈오르골 상점〉 189

4장 생각이 자라는 일상 속 경제 대화

01. 우유 가격은 왜 천차만별일까? 210

02. 항공사가 새 비행기를 들여오는 이유는? 215

03. "엄마가 어렸을 때는 떡볶이 1인분이 100원이었어" 219

04. 저 광고는 무엇을 말하는 걸까? 225

05. "너희가 어른이 됐을 때는 집에 TV가 사라질지도 몰라" 229

마치며 232

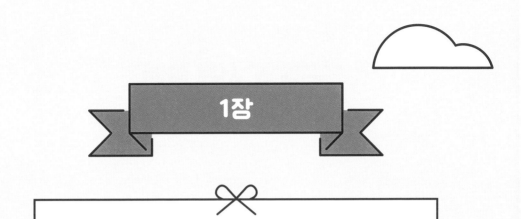

1장

경제가
겨우 이거라고?

1 '경알못' 서른 살에 경제 기자가 되다

우여곡절 끝에 서른 살에 기자가 됐습니다. 주식투자를 한 번도 안 해봤지만 '증권부'에 배치됐습니다. 온통 모르는 말 투성이였습니다.

시총, 기관, 프로그램, 매도 우위.

뉴스 끝에 그날의 증시를 정리해주는 코너에서 많이 들어본 이야기이긴 하지만 시총은 어떻게 계산하는 건지, 기관은 뭘 하는 사람들인지, 프로그램 매매는 뭔지 제대로 공부해 본 적이 없었습니다. 마감은 다가오는데 기사를 단 한 줄도 제대로 쓰지 못해 가슴이 쿵쾅거리고 손이 떨리고 머릿속은 점점 더 하얘졌습니다. 결국 마감 바로 직전에 선배가 써준 기사로 부랴부랴 더빙하고 겨우 뉴스를 막았습니다.

한국경제TV에 들어와 한국거래소와 소형 증권사들이 저의 첫 출입처였습니다. 한국거래소는 기자들의 취재 편의를 돕기 위해 기자실을 마련해 놓고, 언론매체의 자리를 정해 놓았습니다. 당시 저의 자리가 외벽에 붙어 있어서였는지, 아니면 보도자료의 내용이나 주변 기자들의 취재 소리를 들어도 전혀 이해하지 못하는 저의 처지 때문인지, 그해 겨울은 유난히도 추웠고, 저의 몸은 늘 경직돼 있었습니다.

아무것도 모르는 저에게 당시 사수였던 선배는 "앞으로 나올 스팩 합병 어떻게 돼가고 있는지 물어봐서 단신을 올려놔"라고 말하고 나가셨고, 저는 알겠다고 대답은 했지만 사실 어떻게 접근해야 할지 눈앞이 캄캄했습니다. '스팩? 취직하기 전에 갖춰 놓아야 하는 그 스팩을 말하는 건가?' 일단 검색했습니다.

'기업인수목적회사(Special Purpose Acquisition Company, SPAC) 스팩. SPC(Special Purpose Company)랑 어떻게 다른 거지? 근데 뭘 어떻게 하라고? 어디다 전화해서 뭘 물어봐야 하지?' 전혀 알 리가 없었습니다. 기자들에게 제공되는 거래소 조직도를 보고 어딘가에 전화했는데 제대로 알지 못하니 제대로 질문했을 리 없습니다. 제대로 된 답변을 들을 수 없었습니다.

'기사를 써야 하는데 어떻게 하지?' 다른 회사의 기사들을 검색해 '우라까이'[1]하는 수밖에 없었습니다. 저는 당시 일부를 바꾸거나 조합할 능력도 못 돼 그냥 어미만 조금 바꿀 요량이었습니다.

그런데 제가 찾으려는 내용들이 전혀 나오지 않았습니다. 저는 "그런 게 없다고 하는데요"라고 보고했습니다. 선배는 알았다고 했지만 조금 뒤 타 매체에서 나온 단신 기사의 링크를 보내면서 "이런 걸 원한 거였다"고 말했습니다. 저는 "죄송합니다"라고 답할 수밖에 없었습니다.

스팩은 거래소에 상장돼있는 '합병을 목적으로 한' 페이퍼 컴퍼니입니다. 우선 상장해 투자자들을 모아 놓고, 그다음에 합병 기업을 물색하는 기업인수목적회사입니다. 일반적으로는 코스피나 코스닥에 직접 상장을 하지만 회사의 규모가 작거나 복잡한 상장 절차를 간소화하고자 하는 기업들이 스팩과의 합병을 통해 우회 상장합니다.

증권계좌조차 없는 제가 이런 것들을 알 리 없었습니다. 세상이 다 아는 것을 나만 모르는 느낌, 절대 발을 들여놓을 수 없는 곳이라 생각했던 곳에 겨우 비집고 들어와는 있지만 발을 어디에 붙이고 있어야 할지 알 수 없는 그런 날들이 지속됐습니다.

---

1 다른 매체의 기사 일부를 바꾸거나 조합해 새로운 자기 기사처럼 내는 행위, 네이버 영상 콘텐츠 제작 사전.

아침에 눈 뜨는 것이 너무 무서웠습니다. 뒤늦게 어렵게 들어간 회사인 데다 먹고 사는 일이 걱정돼 그만둘 수도 없었습니다. 죽지 않을 만큼 사고가 나서 병원에 장기 입원하고 싶다는 생각이 들었지만 그게 제 맘대로 될 리 없었습니다.

폭식을 했습니다. 빵과 과자를 양손 가득 들고 집에 들어가 새벽까지 먹다 잠들었습니다. 먹다 만 빵 쪼가리가 떨어져 있는 마룻바닥에서 눈을 뜨는 날이 하루 이틀이 아니었습니다. 그렇게 20kg을 찌웠습니다. '경제, 금융, 증권' 이런 부류는 그만큼 저에게 정말 무거운 존재였습니다.

그렇게 그렇게 13년째 이 일을 이어오고 있습니다. 그 사이 증권부뿐 아니라 경제부, 산업부를 돌면서 금융기관을 포함한 주요 기업과 정부 부처, 경제단체, 연구소, 국회 등등을 출입했습니다. 10년 넘게 이 분야에 있다 보니 경제 상황에 대한 이해가 쌓일 수밖에 없게 됐습니다. 이제는 해당 분야에 대해 모르면 자신 있게 전화해서 "잘 모르니 알려주세요"라고 당당하게 말합니다. 이젠 모를 수도 있다는 것을 파악할 수 있는 정도는 됐으니까요.

그런데 시간이 지나고 돌아보니 '왜 나는 서른 살이 되도록 그런 걸 몰랐을까, 왜 아무도 알려주지 않았을까, 나 스스로 왜 공부하지 않았을까?' 후회스러웠습니다. 그리고 우리 아이들에게는 어려서부터 이런 내용을 가르쳐줘야겠다고 결심했습니다.

실제로 제가 취재하면서 많은 사람을 만나보니 경제 금융 지식이 있는 사람들은 그렇지 않은 사람들보다 물질적으로나 정신적으로 풍요로운 삶을 살고 있다는 것을 깨달았기 때문입니다.

"아껴 쓰는 게 최선이 아니야"

저는 돈을 계획 없이 쓰는 아버지와 생활비를 받아 어떻게든 아껴야 하는 어머니 사이에서 자랐습니다. 어머니와 생활하는 시간이 많다 보니 저도 자연스럽게 아껴 쓰는 삶을 살 수밖에 없었습니다. 그래서 그런지 물건이나 서비스를 고를 때 저의 선택 기준은 '무조건 싼 것'이었습니다.

대학교 때 수업 끝나고 친구들이랑 자주 가던 식당에서도 저는 대체로 내가 먹고 싶은 것보다 가격이 싼 걸 골랐습니다. 내 메뉴보다 3~4천 원이 더 비싼 메뉴를 턱턱 고르는 친구가 부러웠습니다.

그런데 옛날에는 같이 나눠 먹는 문화가 있다 보니 다 같이 나눠 먹고 계산할 때는 자연스럽게 N분의 1을 하게 됐습니다. 그러니 내 예상보다 더 많은 돈을 지불하게 된 적이 많았죠. 티는 안 냈지만 속으로는 속상했던 기억이 있습니다.

그때마다 '아, 차라리 내가 먹고 싶은 걸 먹을걸' 하고 후회했습니다. 그게 한두 번이 아니었던 것으로 기억되는 걸 보니 그렇게 하지 않기로 결심하고도 습관을 버리지 못했던 것 같습니다. 가격이 싼 걸 고르는 게 그때는 몸에 배 있었습니다.

경제 기자로 10년 넘게 일하면서 금융시장의 변동과 경제학자들의 이야기뿐 아니라 산업 현장의 사람들을 많이 만나다 보니 어렸을 때부터 경제와 금융을 알았더라면, 나의 삶이 많이 달라졌을 것이라는 생각이 들었습니다. 그리고 '우리 아이들만큼은 좀 더 풍요로운 삶을 살 수 있도록 길을 놓아줘야겠다. 적어도 우리 아이가 물건이나 서비스를 선택할 때 그 기준이 가장 싼 것은 아니었으면 좋겠다'는 생각을 하게 됐습니다.

또 제가 처음 경제를 접했을 때 느꼈던 것처럼 '경제'라는 것이 차갑고, 무거운 것들이 아니라 우리 삶 가까이 있고, 사람들의 삶을 관찰하면서 깨닫는 재미있는 요소들이 많다는 점을 아이에게 알려주고 싶었습니다. 그 오랜 의지와 아이를 키운 경험이 더해져 아이들의 시각에 맞는 경제 동화를 쓰고, 독후 놀이 프로그램을 내놓게 됐습니다.

실제로 책에 실린 내용으로 오프라인 수업을 진행해본 결과 아이들이 경제 수업이라고 인식조차 하지 못할 만큼 즐거워합니다. 자연스럽게 돈과 제품의 가격에 관심을 갖고 경제 놀이를 하게 되며, 저축과 투자가 아이들의 인식 속에 당연해집니다. 그런 경험이 쌓이고 쌓이면 경제 공부를 한 아이와 그렇지 않은 아이의 격차는 크게 벌어질 것이라고 생각합니다.

2 우리 삶의 모든 것이 '경제'

도대체 경제가 뭔데? 왜 배워야 하는 건데? 이 질문에 대한 여러 가지 답변 중 제가 가장 맘에 들어 하는 답변은 '한정된 재화로 가장 현명한 선택을 하기 위해서'라는 답변입니다. 너무 당연한 이야기라고 생각할 수도 있습니다. 저는 오랜 시간 '그걸 모르는 사람이 있어? 이 당연한 것을 꼭 공부해서까지 알아야 해?'라는 생각을 했습니다.

그런데 지금 생각해보면 당시 제가 당연히 알고 있다고 생각한 것은 '한정된 재화'까지였습니다. 돈이 부족해 사고 싶은 것을 다 사지 못한 적이 많고, 여행을 좋아하지만 아직 '충분히 만족할 만큼' 여행지에 머물지는 못했습니다. 이런 일은 누구에게나 늘 있는 일이죠. 점심 메뉴를 고를 때, 누군가에게 선물을 사

줘야 할 때, 항상 고민이 수반되는 이유는 늘 '돈'이라는 재화가 유한하기 때문입니다. 하지만 경제를 알아야 하는 더 중요한 목적은 바로 '현명한 선택'을 하기 위해서입니다.

이쯤에서 경제를 이야기할 때 빼놓을 수 없는 단어 '희소성稀少性, scarcity)'을 등장시켜도 될 것 같습니다. 인간의 욕망은 무한하지만 이를 충족시킬 수 있는 수단은 늘 부족하죠. 이런 상태를 희소성이라고 합니다. 우리가 경제를 알아야 하는 이유는 희소성을 최소화하는 선택을 하기 위해서입니다. 개인적으로는 물론이고 사회적으로도 희소성이 어느 한쪽으로만 쏠리지 않도록 '분배'해야 하는 과제를 안고 있습니다. 기업도 가격이나 투자를 결정할 때 수많은 경영 환경을 따져가며 의사결정을 합니다.

매 순간 맞딱뜨리는 선택의 순간에 같은 조건이라면, 좀 더 나은 선택을 할 수 있도록 하기 위해서는 경제 현상을 이해해야 합니다. 경제를 알면 더 다양한 선택지를 도출할 수 있고, 선택지가 많으면 더 효율적인 선택을 할 수 있는 확률이 높아집니다.

나에게 갑자기 공돈이 생긴다면?

여러분에게 갑자기 100만 원의 공돈이 생겼다고 가정해봅시다. 이 돈으로 여러분은 뭘 하실 건가요? 잠시 짧은 시간 동안 한 번 떠올려 보세요.

그동안 미뤄왔던 피부관리를 받을 수도 있고, 사고 싶었던 옷을 살 수도 있습니다. 아니면 아이가 다니고 싶어 했지만 보내지 못한 미술학원에 보낼 수도 있고, 남편의 낡은 양복을 바꿔줄 수도 있습니다. 가장 먼저 이 돈을 어떻게 쓰면 좋을지 고민하겠죠?

하지만 경제와 금융이 늘 머릿속에 있다면 그 선택지가 수도 없이 넓어질 수 있습니다. 저축을 할 수도 있고, 주식을 살 수도 있습니다. 저축을 한다면 자유 예금에 넣을지, 정기예금에 넣을지도 선택해야겠죠. 정기예금에 넣으면 일정 기간 돈이 묶여 있는 불편이 있기 때문에 자유 저축에 넣기로 결정했다면 하루만 넣어도 이자가 붙는 증권사 CMA나 인터넷뱅킹, 시중 은행의 '파킹통장'에 거치하는 게 좀 더 현명한 선택이 될 것입니다. 돈을 빠른 시일 내에 쓸 일이 없어 정기예금에 넣기로 결정했다면 기준금리가 0.5%였던 지난 2020년과 달리 요즘 같은 고금리 시대에는 좋은 선택 중의 하나입니다. 이 역시 기본적인 경제 지식이 있어야 내릴 수 있는 판단입니다.

주식을 산다면 저평가된 주식을 사 시세차익을 노려 100만 원을 더 큰돈으로 불린 다음 그동안 하지 못했던 것을 할 수도 있고, 아이가 갖고 싶어 했지만 사 주지 못했던 것을 사 줄 수도 있습니다. 물론 주식은 손실을 낼 위험도 다분합니다. 하지만 글로벌 경제 상황과 기업에 대한 지식이 있다면 위험이 큰 종목을 고를 확률을 조금이라도 낮출 수 있겠죠. 아니면 이자보다 높은 배당을 주는 종목을 골라 배당 수익을 노리고 또 장기적으로 시세차익도 기대해볼 수 있습니다.

여행을 가기로 결정했다면 100만 원으로 가장 만족도를 높일 수 있는 여행지를 선택해야겠죠. 이때도 경제적 지식이 있다면 좀 더 현명한 결정을 할 수 있습니다. 유가에 대해 고려한다면 항공권을 사는 시점을 달리할 수도 있고, 환율을 고려한다면 같은 돈으로 좀 더 많이 즐길 수 있는 여행지를 선택할 수도 있겠죠. 자기의 상황과 경제적 지식의 깊이에 따라 만족도가 크게 달라질 수 있습니다.

여러분은 어떤 대안들이 떠오르셨나요? 단순히 무엇을 소비할지에 머무르지는 않으셨나요? 이제는 좀 더 다양한 선택지를 만들 수 있는 사고를 아이와 함께 키워봅시다.

정부도 경제 상황을 고려해 예산을 집행합니다

국가의 재정 운영도 마찬가지입니다. 정부는 우리가 낸 세금으로 정책의 우선 순위를 결정하고 예산을 집행합니다. 예산도 한정적이죠. 그 때문에 가장 효율적으로 예산을 집행할 수 있도록 다양한 경제적·사회적 상황을 고려합니다.

예를 들어 코로나로 전 국민의 발이 묶여 있던 지난 2019년, 정부는 코로나 위기를 극복하는데 예산을 긴급 배치했습니다.

백신을 사들이는 것뿐 아니라, 갑자기 어려워진 자영업자들을 위해 지원금을 풀었습니다. 일을 하지 못하는 국민들에게도 보조금을 지급했습니다. 방식도 다양했습니다. 각 지자체에서 지원금 형태로 통장에 직접 돈을 지급해주기도 했지만, 아주 낮은 금리로 대출해주는 방식으로 지원해주기도 했습니다. 생계가 어려워진 자영업자들에게 충분한 돈은 아니었을 수도 있지만 정부는 꺼져가는 경제 불씨를 살리기 위해 예산을 우선 배치했습니다.

예산으로 정부가 해야 할 일은 아주 많습니다. 하지만 왜 정부는 직접 현금을 지원하는 방식을 포함해 코로나 위기를 넘기는 데 예산을 집중적으로 투입했을까요? 이유는 코로나로 경제가 멈춘 상황을 방치했다가는 더 큰 위기를 맞을 수도 있기 때문입니다.

코로나로 해외여행이 막히자, 항공사와 여행사 직원들은 갑자기 직장을 잃었습니다. 이들이 돈을 벌지 못하니 소비가 크게 줄었습니다. 당장 외식도 어려워지니 음식점은 직원들을 해고하고 폐업했습니다. 직장을 잃은 사람들이 많아지고 쓸 돈이 없어지니 경제가 순환되지 않습니다. 정부는 최소한의 조치로 지원금을 주고서라도 소비를 할 수 있게 만드는 정책을 내놓은 것입니다.

독립기관인 한국은행도 이때 기준금리를 사상 최저치인

0.5%로 큰 폭으로 낮췄습니다. 사람들이 은행에서 대출을 쉽게 받을 수 있게 해 소비를 활성화하기 위함입니다. 이렇게 하지 않으면 자금경색[2]으로 기업이 하나둘 쓰러지게 될 수도 있습니다. 이를 다시 살리려면 정부는 더 많은 자금을 투입해야 합니다. 최악을 막기 위해 정부는 긴급 예산을 투입한 것입니다. 이렇게 정부의 정책 결정도 우리 경제 상황과 크게 맞물려 있습니다.

물론 당시의 결정이 잘한 것인지에 대해서는 논란이 있습니다. 필요했지만 과도했다는 평가도 있습니다. '정치적인 효과를 노린 선심성 정책'이었다고 비판하는 사람도 있습니다. 하지만 코로나 상황 당시의 주요 경제 전문가들은 "수혈해서라도 피를 돌게 하지 않으면 죽게 된다"며 정부의 선택을 지지했습니다.

여러 논란에도 나랏빚이 크게 확대된 것은 사실입니다. 코로나를 겪으면서 국가채무는 가파르게 상승하며 지난 2022년 기준 1천조 원으로 늘었습니다.[3] 국민 한 명당 갚아야 할 나랏빚이 1인당 2,000만 원, 여기에 가계부채까지 더하면 1인당 5,500만 원으로 늘어나게 됩니다.[4]

---

2   자금이 원활하게 유통되지 않아 기업들이 어려움을 겪는 것을 이르는 말.
3   기획재정부.
4   한국은행의 2023년 1분기 가계대출.

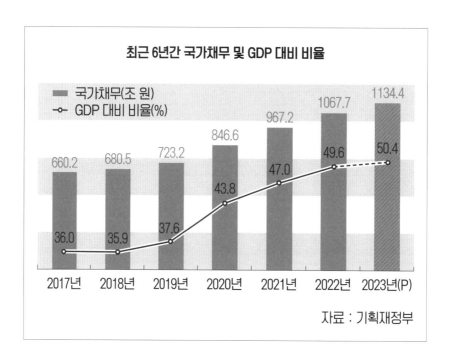

최근 6년간 국가채무 및 GDP 대비 비율

■ 국가채무(조 원)
-○- GDP 대비 비율(%)

	2017년	2018년	2019년	2020년	2021년	2022년	2023년(P)
국가채무	660.2	680.5	723.2	846.6	967.2	1067.7	1134.4
GDP 대비 비율	36.0	35.9	37.6	43.8	47.0	49.6	50.4

자료 : 기획재정부

그 때문에 국정감사 때만 되면 정부가 돈을 잘 썼는지에 대해 평가하고 해당 주무 부처인 기재부 장관은 곤란한 질문을 받아 곤욕을 치르기도 합니다. 국민의 대표인 국회는 정부가 우리가 낸 세금을 이용해 적절한 정책을 결정하고, 효율적으로 예산을 운영했는지 감시하는 역할을 하기 때문입니다. 우리는 나와 우리 아이들의 미래가 걸린 문제인 만큼 국회의원이 국민을 대변하는 역할을 잘하는지 관심을 가질 필요가 있습니다. 제대로 하지 못했다면 다음 선거에서 그 사람을 선택하지 않는 결정을 내릴 수 있습니다. 따라서 '정치'라고 해서 경제와 무관한 것이 전혀 아닙니다. 이렇게 우리 삶의 모든 것이 경제와 연관돼 있습니다.

기업도 제품 가격이나 투자를 결정할 때 경제 상황을 살핍니다

눈치채셨을 수도 있지만 이번에는 기업입니다. 가계에 이어 정부, 기업이 3대 경제 주체이기 때문입니다. 기업은 제품 가격을 결정할 때 원재료, 임대료, 인건비, 금융 비용, 세금 등 비용을 따집니다. 또 경쟁사의 제품과 가격, 고객의 소비 능력 등도 가격을 정할 때 고려 대상이 됩니다. 예를 들어 제조업의 경우 여러 가지 요소 중 제품가격에 가장 영향을 많이 미치는 것이 제품을 만들 때 들어가는 원재료 비용입니다. 산업이 크든 작든 원재료 가격이 올라가면 시차를 두고 제품가격도 따라서 올라갑니다.

대표적으로 원재료 가격에 따라 제품 가격이 변하는 상품이 휘발유나 경유 등 석유 제품입니다. 정유업체는 원유를 정제[5]한 후 석유제품을 판매하는데 서부텍사스산 원유(WTI), 북해산 브렌트유, 중동산 두바이유 등이 '원재료'로 활용됩니다.

세 가지 원유의 가격 변동은 연동하지만 우리나라 정유사들은 대부분 두바이유를 수입하기 때문에 국내 주유소의 휘발유

---

5   정제 : 원유를 증류하여 각종 석유제품과 반제품을 제조하는 것.

가격은 두바이유 가격의 영향을 받습니다. 두바이유 가격에 따라 휘발유 가격이 수시로 변동하기 때문에 주유소에 가면 숫자를 쉽게 바꿀 수 있는 가격표를 볼 수 있습니다.

원유 가격은 특히 수요와 공급에 민감하게 반응합니다. 따라서 석유수출국기구(OPEC)[6]는 원유의 가격을 일정 수준 이상 유지하기 위해 생산량을 조절합니다.

원유는 전 세계에서 거래량이 가장 큰 원자재[7]이기 때문에 국제유가는 전 세계적으로 중요한 경제지표로도 활용됩니다. 원유로 만든 석유제품은 자동차뿐 아니라 거대한 생산시설, 배, 비행기 등에 활용됩니다. 특히 우리나라 같은 제조업 기반의 국가에서는 국제유가의 가격에 따라 기업의 이익도 큰 차이가 납니다. 따라서 원유 가격 상승은 다양한 제품 가격을 올려 전반적인 물가를 상승시키는 주요 원인으로 작용합니다.

기업은 제품 가격뿐 아니라 다양한 의사결정을 합니다. 경기가 좋을 때는 새로운 사업을 키우고, 고용을 늘리는 등 투자를 많이 합니다. 하지만 반대의 상황일 때는 투자를 주저하죠. 채

6 석유수출국기구 : Organization of Petroleum Exporting Countries(OPEC) 회원국들의 석유 정책 조정을 통해 상호 이익을 확보하는 한편 국제석유시장 안정 유지를 목적으로 설립된 기구. 회원국은 이라크, 이란, 쿠웨이트, 사우디아라비아, 아랍에미리트 등 13개국(2022년 기준).

7 원자재 : 공업 생산의 원료가 되는 자재.

용을 하기는커녕 있는 직원도 내보내고, 월급도 동결합니다. 물가는 오르는데 월급은 안 오르니 가계에서는 소비를 줄이는 방법밖에 없습니다. 특히 요즘같이 금리가 오르는 상황에서는 금융 비용이 증가하니 소비자들이 지갑을 여는 것이 쉽지 않습니다. 따라서 기업들의 상황도 점점 어려워집니다. 기업이 돈을 벌지 못하면 정부의 세금도 줄어들고, 가계로 흘러가는 돈도 줄어들어 경제 상황이 더 안 좋아지는 악순환으로 이어집니다.

우리가 기업의 활동에도 관심을 가져야 하는 이유는 우리 경제의 주요 주체이고 나의 삶에도 영향을 미치기 때문입니다. 이제 우리가 쓰는 제품 하나, 서비스 하나를 구매하더라도 좀 더 다른 시각으로 바라볼 필요가 있습니다. 우리 아이들에게도 하나씩 알려주고 경제적 사고로 이어질 수 있도록 하는 것이 제가 이 책을 쓴 이유이자 독자들이 이 책을 읽는 목적이길 바랍니다.

토네이도에 당하지 않으려면 나비의 날갯짓에도 관심을 가져야 합니다

'나비효과'라는 말은 아마존 정글에서 날개를 파닥거리는 나비의 작은 움직임이 몇 주일 또는 몇 달 후 미국 텍사스주에 토네이도를 발생시킨다는 의미입니다. 처음에는 기상 예측 모델에서 나온 말이지만 경제 현상을 설명하는데도 자주 사용됩니다.

10년 넘게 이 분야에 몸담고 있다 보니 '나비의 날갯짓'에 관심을 갖는 것이 정말 중요하다는 것을 느꼈습니다. 경제를 공부한 사람들은 나비의 날갯짓에 토네이도가 올 것을 예측하고 대비합니다. 최소한 집을 튼튼하게 정비하고 위험이 크다고 판단되면 토네이도가 지나지 않을 안전한 곳으로 이동합니다.

어떤 사람들은 토네이도가 지나간 후 초토화된 마을을 다시 살리는 데 필요한 사업을 미리 준비해 돈을 법니다. 어떤 사람들은 리스크를 예상하고 증시에서 하락장에 배팅해 자산을 늘리기도 합니다.

하지만 나비의 날갯짓에 관심조차 없는 사람은 속수무책으로 당할 수밖에 없습니다. 이것이 바로 경제를 아는 사람과 모르는 사람의 차이라고 할 수 있습니다. 우리 아이들은 나비의 날갯짓에 관심을 갖고 이것이 어떤 파장을 일으킬지 예측하고 전망할 수 있는 아이로 자랐으면 좋겠습니다.

3 '금융 이해력'은 상식이 아니라 '생존 도구'

　OECD에서는 '금융 이해력'에 대해 알아 두면 좋을 '상식'이 아니라 꼭 알아야 하는 '생존 도구'라고 했습니다. 경제와 금융은 조금 다른 개념이라 짚고 넘어가겠습니다. 경제(經濟, economy)란 '개인과 집단이 가진 제한된 자원을 어떻게 사용하고 분배하는지에 대한 연구 또는 사회현상'을 말합니다. 금융(金融, finance)이란 금전(金錢)의 융통(融通), 즉 '돈의 흐름' 또는 '돈이 오가는 것'을 말합니다. 돈의 흐름(금융)은 경제 상황에 따라 크게 변합니다. 금융은 경제의 일부입니다. 그래서 경제와 금융을 함께 짚어보면 그 흐름을 더 잘 파악할 수 있습니다.

　"몇 살부터 아이에게 경제와 금융 교육을 시켜야 할까?"라고 묻는다면 저는 어릴수록 좋다고 생각합니다. 투자의 대가 워런

버핏에게 "6살 아이에게 돈에 대해 가르쳐도 되느냐?"고 물었더니 "이미 늦었을 수도 있다"고 말했습니다. 유대인들은 밥상머리에서 경제 관념을 가르쳤습니다. 경제가 우리 일상생활의 모든 것과 관련이 있다는 것에 동의한다면 경제는 '가르치는 것'이 아니라 '일상에서 경험하는 것'이며 '일상의 대화 속에서 깨닫고 생각하는 것'으로 접근할 수 있습니다.

경제 금융 교육을 받지 못하면 자산도, 자신도 지킬 수 없습니다

저는 어렸을 때 돈을 어떻게 버는지, 어떻게 쓰는지 제대로 배우지 못했습니다. 가정형편이 그렇게 어려운 건 아니었지만 부모님도 그런 교육을 받은 적이 없으니 돈을 어떻게 쓰고, 어떻게 굴리는지 제대로 알지 못했던 것 같습니다.

아버지는 부유한 집안의 아들이었습니다. 옛날 할머니 댁은 논밭이 대부분이던 시골에 눈에 띄는 2층 양옥집이었습니다. 저택까지는 아니었지만 마당에는 작은 분수도 있고 대봉 감나무가 여러 그루 심겨 있어 감이 익을 때 방문하면 바닥에 떨어진 걸 주워 먹어도 아주 달고 맛있었던 기억이 납니다.

양옥집과 주변의 땅 일부가 모두 할머니 스스로가 일구신 재산이었습니다. 할머니는 당시 일수를 찍어 돈을 불렸습니다. 돈이 없는 시골 상인들에게 목돈을 빌려주고, 매일매일 원금과 이자를 받아 가는 거죠. 그때 금리가 어느 정도였는지 명확하지는 않지만 만약 100만 원을 빌려줬다면 원금과 이자를 더해 하루 1만 1천 원을 100일 동안 받는 겁니다. 100일이 지나면 할머니는 110만 원을 돌려받게 되는데 연이율로 치자면 이자율이 70%[8]에 달하는 고금리 장사를 한 거죠. (단순히 제가 가정한 예입니다.)

그게 한두 건이 아니었을 테니 할머니에겐 매일매일 돈이 쌓이는 것이 쉬운 일이었습니다. 그때는 금융이 지금처럼 발달하지 않았기 때문에 이런 사금융이 많았습니다. 그렇게 할머니는 나름대로 큰 규모의 재산을 일구셨습니다.

그런데 할머니가 실수한 것이 있습니다. 그 훌륭한 금융 DNA를 자식에게 가르쳐주지 않았다는 겁니다. 할머니는 일숫돈을 받으러 다니느라 늘 집에 없었습니다. 아이들의 밥을 챙기는 건 누나인 큰 고모였습니다. 아이들은 스스로 자랐습니다.

그 아이들은 재산을 지켰을까요? 예상대로입니다. 자식들은 돈이 필요하면 스스로 해결할 생각은 안 하고 엄마를 찾아갔습니다. 할머니는 '돈'이라는 파워를 쥐고 자식의 마음을 쥐락펴락했습니다. 자식들은 상처를 받았습니다. 가끔 듣는 아버지의 이야기에서 그때의 상처를 느낄 수 있었습니다.

얼마 남지 않은 재산분배를 놓고 싸우는 장면도 저는 어렸을

---

8 금감원 일수 이자율 계산기.

적 목격했습니다.

자식들은 자신을, 그리고 자산을 스스로 지키고 불리는 법을 배우지 못했습니다. 할머니도 그땐 가르쳐야 한다고 생각하지 못했던 것 같습니다. 이런 결과가 올 것이라는 걸 미리 알았더라면 좋았을 텐데 말입니다.

할머니의 양옥집이 있던 안동에는 지금 아파트가 대거 들어선 큰 도시가 됐습니다. 그 어디에도 지금 우리 가족의 몫은 없습니다.

다행히 아버지는 부지런한 것은 타고났습니다. 교사가 되기 전 청계천 주변에서 서점을 운영했는데 도서관에 책을 대량으로 팔아 돈을 많이 벌었다고 합니다. 언뜻 듣기로 현금다발을 차 방석 밑에 깔고 앉고 다니면서 펑펑 돈을 썼다고 합니다. 돈이 그렇게 늘 벌릴 줄 알았답니다.

저희는 삼촌들과 공동명의로 묶여 있는 재산을 압류당하고 아버지의 월급까지 차압이 들어와 방 두 칸짜리 작은 전셋집으로 이사할 수밖에 없었습니다. 더 구구절절한 사연이 많지만⋯. 우리는 자산을 지키는 법을, 아니 지키는 것으로 그치는 것이 아니라 불리는 법을 자식들에게 알려주는 것이 아이들에 대한 가장 큰 투자이자 꼭 물려 줘야 할 재산이 아닐까 싶습니다.

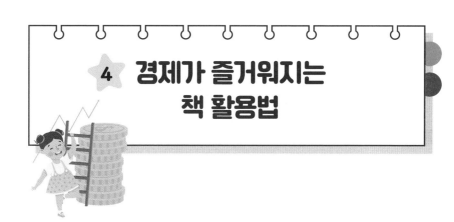

4 경제가 즐거워지는 책 활용법

본격적인 놀이에 들어가기에 앞서 부모들을 위한 경제 이야기를 길게 했던 이유는 우리 부모들이 아이에게 경제와 금융을 가르쳐야 한다는 인식이 꼭 생겼으면 하는 바람 때문입니다. 이미 이 책을 읽고 있으니, 반은 성공이라고 생각합니다. 이제부터 아이들과 본격적으로 놀아볼까요?

이 책에서는 아이들이 돈을 장난감처럼 갖고 노는 법, 동화책으로 경제 현상을 이해하고 해당 내용과 관련된 독후 활동을 진행하는 놀이 방법을 담았습니다. 그리고 동화는 어떤 경제 현상에 대한 이야기인지, 놀이를 통해 어떤 경제활동을 경험할 수 있는지 해설을 달았습니다. 엄마가 미리 내용을 읽고, 아이들에게 필요한 이야기를 골라서 들려주면 됩니다.

그리고 아이들이 좀 더 흥미를 느낄 수 있도록 관련 내용의 활동지도 제작했습니다. 이 활동지들은 네이버 카페 '플레이코노미'(https://cafe.naver.com/playconomy)에 올려두었습니다. 해당 회차에 맞는 활동지를 출력해서 아이와 함께 즐겁게 활동할 수 있습니다. 활동지를 만드는데도 아이들과 갖고 놀기에 어려움이 없도록 많은 공을 들였습니다. 최대한 '경제적'으로 아이들이 경제 놀이를 할 수 있기를 바라는 마음으로 무료로 제공하니 최대한 자료를 많이 활용해주세요. 그리고 사용한 키트에 대한 정보도 네이버 카페에 올려두었습니다.

책에 많은 내용이 담겨 있다고 하더라도 한 번에 모든 내용을 다 할 필요는 없습니다. 저도 오프라인 수업을 해보면 아이의 연령이나 성향에 따라 흥미가 다르고, 집중할 수 있는 시간도 다르기 때문에 상황에 따라 놀이의 내용을 조절합니다. 가장 중요한 것은 아이가 이런 활동을 '재미있게' 느끼는 것입니다.

이 책의 놀이 활동을 모두 하려면 주말에 한 시간씩만 투자한다고 하더라도 두 달은 걸립니다. 여행이나 집안 행사 등으로 한 두 주 빠진다고 하면 석 달은 걸립니다. 석 달 후 또 반복해도 아이들이 흥미로워 할 주제와 놀이를 담았습니다. 두 번, 세 번 반복할 때 아이들에게 하나씩만 더 알려주어도 아이들과의 이야기는 깊어지고, 아이도 돈에 대해 익숙해질 것입니다. 그리고 점점 경제적인 사고가 작동하는 것을 발견하게 될 것입니다.

　부모들도 책을 읽다 보면 아이들과 어떤 경제 이야기를 할 수 있을지 자꾸 떠오르게 되고, 응용하게 되며, 또 관심을 갖게 될 것입니다. 그런 노력이 쌓이고 쌓이기를 기대합니다.

2장

놀기만 해도 쑥쑥
자라는 경제관념

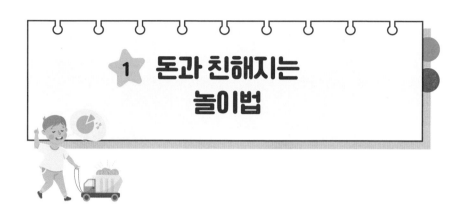

1 돈과 친해지는 놀이법

돈은 소중합니다. 우리의 삶에 없어서는 안 될 존재입니다. 아이들에게 돈이 제일 중요하다고 교육해선 안 되지만 돈이 중요한 가치가 있다는 것을 아이들이 꼭 알아야 합니다. 이번 장에서는 우선 아이들이 돈에 대해서 흥미와 재미를 느낄 수 있는 놀이, 즉 돈과 친해질 방법을 전합니다.

아직 학령기가 아니라면 100단위 이상 계산이 어려운 아이들도 있을 수 있습니다. 하지만 엄마와 여러 번 같이 반복하고 또 물건을 사고파는 놀이를 이어서 하면 흥미를 갖고 잘 따라옵니다. 아이들이 일단 돈과 친해질 수 있도록 해주세요. 돈을 탐색하고 관찰할 수 있도록 장을 마련해 줍니다. 아이들이 갖고 노는 장난감처럼 돈을 갖고 놀 기회를 자주 마련해 줄수록 우리 아이들의 인생에 돈이 가까이 따라다닐 것입니다.

준비하기 ◆ ──────────────────────

우리나라 화폐를 종류별로 준비합니다. 화폐(貨幣, Currency)란 물건이나 서비스에 대해 지불 기능을 가진 교환 수단을 말합니다. 첫 화폐 탐색을 할 때는 은행에서 실물 화폐를 미리 바꿔두는 것이 좋습니다. 돈은 여러 곳을 돌다 왔기 때문에 아이들이 만지기 전에 항균 스프레이로 한 번 소독해 말려둡니다.

아이들이랑 놀이를 해보니 가장 많이 필요한 것은 100원짜리 동전입니다. 10개 이상 준비해주세요. 10원짜리도 10개 이상, 1천 원짜리도 10개 이상 있으면 좋습니다. 초등학교 고학년이라면 1만 원짜리도 10장이 있으면 10만 원까지 만들어볼 수 있습니다. 50원, 500원, 5천 원, 5만 원은 탐색용으로는 두 개, 두 장씩만 있어도 충분합니다. 만약 아이들이 놀 수 있는 페이크 머니를 구입하려고 하신다면 10원짜리, 100원짜리 동전이 10개이상 있는 제품을 준비하는 것을 추천 드립니다. '플레이코노미' 네이버 카페에 가입하면 화폐 도안을 무료로 제공하고 있습니다. 10원짜리와 100원짜리를 10개 이상 배치한 도안입니다. 출력해서 아이들과 붙이고 잘라보면서 화폐를 탐색할 수 있습니다.

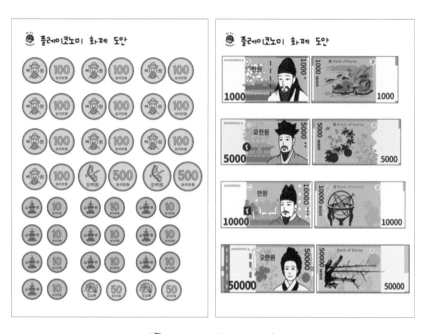

'플레이코노미' 화폐 도안

    동전을 분류해서 모아둘 접시를 준비합니다. 집에 있는 어떤 접시든 활용하면 됩니다. 저는 5 분할된 반찬 접시를 사용하는데 활용도가 높습니다. 동전을 종류별로 담을 4개의 접시와 지폐를 담을 접시까지 최소 5개를 준비합니다.

| 화폐 도안 활용법 |

• 컬러 프린터로 인쇄하면 색칠 과정 없이 바로 사용할 수 있습니다.

- 흑백 프린터로 인쇄해도 괜찮아요! 실물 화폐를 살펴보고 비슷한 색깔로 색칠해서 활용합니다. 색칠하면서 화폐의 색깔과 인물에 대해 이야기해 볼 수도 있습니다.
- 동전과 지폐의 앞뒷면이 모두 제공됩니다.
- 너무 얇다 싶으면 두꺼운 도화지에 앞뒤로 풀로 붙여서 오려도 됩니다. 앞뒷면이 일치하도록 접은 뒤 그 사이에 두꺼운 도화지를 넣고 양쪽 면을 풀로 붙이면 한번에 오릴 수 있습니다. 경계선보다 조금 넓게 자르세요.
- 화폐 도안 앞뒷면이 일치하도록 접은 뒤 풀로 붙여서 자른 후 코팅하는 방식으로 사용해도 됩니다.
- 전문 인쇄, 출력하는 곳에서 조금 두꺼운 종이에 인쇄하면 두꺼운 도화지를 활용하거나 코팅을 하지 않아도 됩니다.
- 판 자석에 붙이면 냉장고 등에 붙여서 자주 들여다보고 게임할 때도 활용할 수 있어요. 판 자석을 붙일 때는 양면테이프를 사용해주세요.

플레이코노미 활동 ◆

| 화폐 종류별로 분류해보기 |

우리나라의 화폐는 총 6종의 동전과 4종의 지폐가 있습니다.

〈동전〉 1원, 5원, 10원, 50원, 100원, 500원
〈지폐〉 1,000원, 5,000원, 10,000원, 50,000원

1원과 5원은 활용 가치가 떨어지기 때문에 시중에서 찾기 어려워요. 아이들에게는 10원부터 4종의 동전만 알려주어도 됩니다. 우선 아이들에게 동전과 지폐를 분류해보라고 합니다. 종이로 된 것은 지폐, 구리나 니켈 같은 소재로 만들어진 둥근 모양의 화폐는 동전입니다.

그다음엔 단위별로 동전과 지폐를 각각 분류해봅니다. 10원짜리 동전은 색깔과 크기가 다른 동전과 다릅니다. 가장 작고, 색깔은 구리색이며, 가장 가볍습니다. 아이들에게 동일한 단위끼리 접시에 모아 보라고 합니다. 10원짜리는 10원짜리 대로, 100원짜리는 100원짜리 대로 접시에 담아 분류해보면서 동전이나 지폐를 가볍게 탐색해봅니다.

| 화폐의 단위 따져 보기 |

이번에는 단위를 알아봅니다. 먼저 10원짜리부터 시작해 볼까요? 10원짜리를 접시에 하나씩 옮길 때마다 "10원, 20원, 30원, 40원, 50원"이라고 엄마와 같이 소리를 내어 말해봅니다. 50원이 되려면 10원짜리 5개가 있어야 한다고 알려줍니다. 50원이 완성되면 10원짜리 다섯 개와 똑같은 돈이 있다고

말하면서 "뭘까?"라고 질문해보고 함께 찾아봅니다. 50원을 찾으면 옆의 접시에 담에 두고, 또다시 10원짜리를 찾아 10원 짜리가 다섯 개 모여 있는 접시에 하나씩 더합니다. 이미 50원이 있으니 10원짜리 한 개를 더하면 60원이 되겠죠. "60원, 70원, 80원, 90원, 100원" 같이 세어 줍니다. 10원짜리 다섯 개를 더했으니 50원 접시에 또 하나의 50원을 추가합니다. 그러면 접시 두 개에 각각 100원씩 담겨 있겠죠. 그러면 이번엔 100원짜리 동전을 찾아 다른 접시에 놓아봅니다.

위와 같은 방식으로 100원짜리도 다섯 개를 모아 500원을 만들어보고, 또 다섯 개씩 모아 500원짜리 두 개와 100원짜리 열 개 접시를 만들어 이것과 똑같은 크기의 지폐가 있다고 말하고, 1천 원짜리를 고르도록 해봅니다.

여기서 아이들에게 질문을 던져볼 수도 있습니다. "100원짜리 동전으로 5만 원을 만들려면 몇 개의 동전이 필요할까?" 아마 쉽게 답이 나오지 않을 겁니다. 바로 500개가 필요합니다. 이렇게 큰 단위의 돈을 동전으로 지불하려면 들고 다니기 무거울 뿐 아니라 계산하기도 번거롭기 때문에 지폐가 만들어졌습니다.

이어서 지폐도 살펴봅니다. 1천 원 지폐는 파란색이죠. 색깔과 크기도 탐색해 봅니다. 지폐 중에서 가장 크기가 작습니다. 접시에 동전을 모두 정리하고, 이번에는 지폐를 탐색해 봅니다.

동전과 똑같은 방식으로 "1,000원, 2,000원, 3,000원, 4,000원, 5,000원" 다섯 개가 모이면 오렌지 색의 5천 원짜리 지폐와 같죠. 이런 식으로 1만 원, 5만 원, 그리고 5만 원짜리 두 개가 모이면 10만 원까지 만들 수 있습니다.

게임하기 ◆

화폐를 탐색해 봤으면 이제 아이들과 게임도 해봅니다.

❶ 가장 작은 단위의 돈부터 큰 단위의 돈 순서대로 놓아 보기
❷ 가장 큰 단위 돈부터 작은 단위의 돈 순서대로 놓아 보기
❸ 60원 만들어 보기 : 10원짜리 6개도 좋지만 50원 1개, 10원 1개로 만들 수도 있죠.

숫자를 바꾸면서 활동해보세요. 240원 만들기, 490원 만들기 등의 게임을 할 수 있습니다. 아이들이 고학년이라면 그 수준에 맞는 문제를 엄마가 내봅니다. 아이들에게 문제를 내보고 엄마가 답을 맞히는 방식으로도 해봅니다. 일부러 틀리면 아이가 고쳐주는 방식도 시도해보세요. 아이가 아주 뿌듯해 할 것입니다. "엄마는 그것도 몰라?" 하면서 알려주고 다른 누군가에게는 "엄마가 몰라서 내가 가르쳐 줬어요"라며 자랑할 수도 있겠죠.

❹ 활동지 활용하기 : 좀 더 색다를 방법으로 하고 싶다면 네이버 카페 '플레이코노미'에 오시면 해당 놀이를 할 수 있는 활동지와 화폐 도안 파일이 올려져 있습니다. 아이와 함께 직접 화폐를 만들어보고 활동지에 해당 금액에 맞는 돈을 찾아 풀로 붙이면서 즐겁게 놀이할 수 있습니다.

❺ 활동적인 게임을 통한 화폐 탐색하기 : 화폐 도안에 판 자석을 붙이면 아이들과 좀 더 활동적인 게임도 할 수 있습니다. 만약 '190원 만들기'라는 게임을 할 경우 출발선을 정해 놓고 동전을 하나씩만 붙이고 돌아올 수 있도록 규칙을 정합니다. 엄마 한 번, 아이 한 번, 동전 붙이고 오기 게임을 통해 190원을 몇 번만에 만들 수 있는지 세봅니다. 가장 빨리 만들 수 있는 구성은 100원+50원+10원+10원+10원+10원으로 7번 왔다 갔다 하면 만들 수 있습니다. 하지만 가장 여러 번 왔다 갔다 해야 하는 경우는 10원짜리 19개로 19번 왔다 갔다 하는 방법이겠지만 10원짜리가 많지 않으니 적절하게 50원짜리를 섞어서 만들 수 있습니다. 미션 금액을 바꿔가며 몇 번 왔다 갔다 하면 미션을 해결할 수 있는지 아이들과 함께 고민해보세요.

엄마가 해주는 경제 이야기 ◆ ─────────

"10원짜리 동전을 언젠가 못 보게 될지도 몰라"

1960년대에는 1원짜리도 지폐로 만들어졌습니다. 현재 기준으로 지폐의 가치가 동전보다 상대적으로 높은데 1원이 지폐로 만들어졌으니 1원으로 할 수 있는 것이 많았겠죠. '원'이라는 단위보다 작은 '전'이라는 단위의 지폐도 있었습니다.

1962년 발행된 화폐

지금은 1원으로 할 수 있는 것이 많지 않으니, 시중에 1원짜리가 유통되지 않습니다. 5원짜리도 마찬가지입니다. 같은 이유에서 현재 유통되고 있는 10원짜리도 점점 사라질 수 있습니다. 10원으로 할 수 있는 것들이 점점 줄어들기 때문입니다. 할

58

인율을 적용할 경우 10원 단위로 지불해야 하는 가격이 나올 때도 있지만 요즘에는 현금보다는 카드나 모바일 뱅킹을 통해 돈이 오가기 때문에 소액권의 활용도가 떨어집니다. 우리 아이가 어른이 됐을 때쯤에는 10원짜리로 할 수 있는 것이 거의 없어서 결국 사라질 수도 있습니다.

"천 원권에 있는 퇴계 이황과 오만 원권의 신사임당은
아들과 엄마 사이"

지폐에는 역사적으로 업적을 세운 인물들이 그려져 있습니다. 천 원권에는 퇴계 이황, 오천 원권에는 율곡 이이, 만 원권에는 세종대왕, 오만 원권에는 신사임당이 그려져 있어요. 고학년이면서 화폐에 관심을 갖는 아이들이라면 화폐 속 인물에 대해서 별도로 이야기해줘도 좋습니다. 화폐를 만든 한국은행에서는 지폐 속 각 인물에 대해 이렇게 이야기하고 있습니다.

퇴계 이황은 조선시대 주자학을 집대성하여 큰 명성을 떨치고 학문과 교육에 몰두한 대학자였고, 율곡 이이는 성리학자이면서 조선 중기 사회에 백성들을 위한 사회 정책을 마련하고 어지러운 정치를 바로잡기 위해 힘쓴 정치가였다. 세종대왕은 조선시대에 한글을 창제하고 정치·경제·문화면에 훌륭한 치적을 쌓아 수준 높은 민족문화의 창

> 달과 조선 왕조의 기틀을 튼튼히 세운 조선왕조 500여 년 중 제일가는 성군(聖君)이었다.
>
> 한국은행

역사에 관심이 있는 아이들은 각각의 인물의 책을 통해 좀 더 깊이 있는 공부를 해보는 것을 추천합니다. 세종대왕을 좋아하는 아이가 많으니 세종대왕에 대해서만 깊이 알아도 경제와 역사를 함께 접할 수 있습니다. 아이들의 성향에 따라 엄마가 그에 맞는 책이나 추가 교재를 준비해주세요.

다만, 아이가 유아나 초 저학년이라면 그리고 '돈과 친해지는 것'이 목표라면 "예부터 우리 국민들이 잘살 수 있도록 중요한 일을 하신 분들을 후손들이 계속 기억할 수 있게 하기 위해서 화폐의 주인공으로 선정했다" 정도로만 이야기해줘도 적당합니다.

이 가운데 가장 늦게 만들어진 5만 원 권의 주인공은 유일한 여성이고 글과 그림 등 문예에 뛰어난 작가이자 5천 원권의 주인공인 율곡 이이의 어머니라고 설명해주면 아이들이 재미있어 합니다. 저의 경우 "우리도 사람들이 잘살 수 있도록 지혜를 주고 훌륭한 일을 하면 화폐의 주인공이 될 수 있다"고 하면서 "엄마도 우리 딸이랑 같이 주인공이 되면 좋겠다"는 꿈도 이야기해주니 아이가 뭔가를 생각하는 것 같았습니다. 혹시 모르지요. 아이가 진짜 화폐의 주인공이 되려는 목표를 세울 수도 있으니까요.

이와 관련해 '나만의 화폐 만들기' 활동지도 네이버 카페 '플레이코노미'에 올려 두었습니다. 자신의 모습이 담긴 화폐도 아이와 함께 만들어 보세요.

"지폐가 종이인 줄 알았지? 사실은 옷을 만드는 면섬유야"

지폐(紙幣)는 종이로 만든 돈이라는 뜻으로 지폐의 '지' 자가 '종이'를 뜻하는 글자입니다. 하지만 지폐를 종이로 만들면 잘 찢어지고 방수가 안 된다는 단점이 있습니다. 돈을 접어서 보관하는 경우가 많은데 종이로 지폐를 만들면 접었다 펴면서 돈이 훼손될 수 있어 면섬유로 만듭니다. 그 때문에 어떤 나라에서는 지폐를 '플라스틱'으로 만들기도 합니다.

세계 최초의 지폐는 종이로 만들어졌습니다. 공식적으로 알려진 최초의 지폐는 중국 당나라 때 만들어진 것으로 지폐가 없던 시절 '금화를 맡겨 두었다'는 증서, 즉 신용어음[9]이 지폐로 발전했습니다.

9　신용어음(信用어음) : 담보 없이 신용에 기초를 두는 어음. 어음이란 일정한 금액을 일정한 날짜와 장소에서 치를 것을 약속하거나 제3자에게 그 지급을 위탁하는 유가증권.

체험하기 ◆ ─────────────────────────

한국은행에서는 다양한 화폐를 모아둔 화폐박물관을 운영하고 있습니다. 돈을 발행한 한국은행이 어떤 일을 하는지, 화폐는 어떻게 만드는지, 위변조 화폐를 어떻게 식별하는지, 훼손된 화폐는 어떻게 교환받을 수 있는지 등 다양하게 화폐에 대해 알아볼 수 있습니다. 무료로 운영되지만 주말에는 사전 예약을 해야 하니 한국은행 화폐 박물관 홈페이지를 방문해서 내용을 확인하고 체험해보세요.

2 국가별로 다른 화폐 탐색하기 놀이법

우리나라 화폐는 우리나라 안에서만 통용됩니다. 여행을 가면 그 나라의 화폐로 '환전'을 해야 하죠. 나라별로 화폐의 단위와 표기법은 모두 다릅니다. 우리나라는 '원'이라는 단위를 쓰고, 미국은 '달러', 중국은 '위안', 일본은 '엔'이라는 단위를 씁니다. 이렇게 화폐 단위가 다른 이유는 각 나라에서 통용되는 화폐를 구분해야 할 필요가 있기 때문입니다. 화폐의 유통과 발행 규모는 그 나라의 중앙은행이 결정합니다. 경제 상황에 따라 그 나라 화폐의 양을 줄이기도, 늘리기도 합니다. 나라마다 경제 상황이 다르기 때문에 화폐도 달라야 그 나라의 경제 상황에 맞는 통화정책을 펼칠 수 있습니다.

주요국의 화폐단위 표기법과 기호는 다음과 같습니다.

국가	국기	단위(표기법)	기호
대한민국		원(KRW)	₩
미국		달러(USD)	$
유럽연합		유로(EUR)	€
일본		엔(JPY)	¥
중국		위안(CNY)	¥
영국		파운드(GBP)	£
스위스		프랑(CHF)	Fr
브라질		레알(BRL)	R$
베트남		동(VND)	₫

　이번 시간에는 각국의 화폐단위와 표기법에 대해 함께 아이들과 이야기 나눠보고 지도에서 각 나라의 위치와 국기도 함께 알아보는 시간을 가져봅니다. 특히 '달러'는 국제 간의 결제나 금융 거래의 기본이 되는 '기축통화'이기 때문에 실물을 준비하거나 검색을 통해 자세히 살펴보면 좋습니다. 우리 아이들이 투자에 눈뜨게 되면 국내를 넘어서 해외로 시야를 넓혀야 하니까요. 최근에는 국내에서도 달러 자산에 대한 투자가 늘고 있

습니다.

'기축통화'는 무역 등 국가 간의 거래에서 '환전' 비용을 지불하지 않는다는 장점이 있습니다. 예를 들어 우리나라 기업이 해외에서 원자재를 구입하려면 원화를 달러로 바꾼 후 물건을 구입해야 합니다. 화폐의 교환 비율인 '환율'은 고정된 것이 아니기 때문에 원달러 환율이 크게 오르면 같은 물건이라도 더 많은 원화를 줘야 살 수 있습니다.

물론 그 반대의 상황도 있지만 기축통화국들은 이런 '환율변동 리스크'를 고려하지 않아도 됩니다. 그래서 역사적으로 강대국들의 화폐가 주로 기축통화로 사용돼 왔습니다. 중국은 미국을 견제하기 위해 중국의 통화인 위안화의 국제 결제를 늘리려고 노력하고 있지만 달러의 위상을 꺾기는 쉽지 않아 보입니다.

준비하기 ◆

세계지도와 각 나라의 국기 스티커를 준비합니다. '플레이코노미' 네이버 카페에 가면 내려받아 출력해 활용할 수 있습니다. 흑백 프린터라면 색연필을 함께 준비하고 가위, 풀도 준비합니다.

지도 활동지를 출력해 각 나라의 경계선에 따라 서로 다른 색깔로 칠해 영토 모양도 함께 살펴보면 좋습니다. 그리고 나라별 국기도 그에 맞는 색깔을 칠하면서 익혀도 좋습니다.

 각국의 화폐 단위

각 나라의 국기와 화폐 단위를 연결해 보아요.

₩	¥	£
€	Fr	¥
₫	R$	$

서점에 가면 각 나라의 국기에 대해 잘 설명해 놓은 교구도 있으니, 그걸 활용하는 방법도 있습니다.

플레이코노미 활동 ◆───────────────────

| 국가별 이름과 국기 익히기 |

활동지를 출력해 각 나라의 국기를 가위로 자르면서 국가명과 국기를 익힙니다. 각 나라의 위치가 어디인지 세계 지도에서 확인해 그 위치에 국기를 올려놓습니다. 여행을 가본 나라나 주변국을 먼저 익히려고 시도하는 것이 좋습니다.

| 각국의 화폐단위 익히고 짝 맞추기 |

각 국가의 화폐 단위를 가위로 잘라 해당하는 국기 옆에 연결하는 게임을 해봅니다. 검색을 통해서 다른 나라의 화폐가 어떻게 생겼는지 찾아보면서 게임을 완성해도 좋습니다.

| 달러와 유로에 대해 탐색하고 깊이 알아보기 |

미국의 달러와 유럽연합의 유로는 중요성을 강조해주세요. 유로는 한 나라가 아니라 '유럽연합'에 가입한 나라들이 모두 함께 쓰는 화폐라는 것을 이야기해 줍니다. 유럽연합은 독일, 프랑스, 벨기에 등 27개국이 포함된 공동체인데 모두 같은 화폐를 쓰고 있습니다. 다만 27개국의 경제 환경이 많이 달라서 하나의 통화를 쓰는 것이 문제로 지적되기도 합니다. 따라서 당초 유럽 연합에 포함됐던 영국은 지난 2016년 유럽연합에서 탈퇴했습니다. 영국은 현재 파운드를 쓰고 있습니다.

엄마가 들려주는 경제 이야기 ◆ ────────────

"중앙은행이 화폐를 마구 발행하면 화폐 가치가 떨어져"

얼마 전 영국 〈파이낸셜타임스〉는 '아르헨티나의 한 주민이 벽지 대신 돈으로 도배를 한다'는 소식을 전했습니다. 또 '마트에 침입한 강도가 물건을 훔쳐 가면서 돈은 그대로 두고 갔다'는 사례도 담겼습니다.

돈이 물건의 교환수단으로써 역할을 제대로 못 하고 가치가 바닥으로 떨어졌을 때 나타나는 현상입니다. 이렇게 된 이유는 한때 세계 5대 부국이었던 아르헨티나 정부가 돈을 펑펑 썼고, 경제 상황이 악화되자 중앙은행이 무분별하게 돈을 찍어냈기 때문입니다.

석유 최대 매장량을 자랑하던 베네수엘라도 유가가 하락하면서 경제 상황이 악화되자 화폐를 마구 발행했다가 돈이 종이접

한국일보

"이게 나라냐" 혼돈의 베네수엘라

[포토뒷담화] 베네수엘라 최악의 인플레이션, 돈으로 만든 공예품 등장

입력 2019-02-07 13:53   수정 2019.02.07 13:55

출처 : 한국일보, 2019년 2월

화폐 가치 하락   출처 : 게티이미지 뱅크

기 도구로 전락했습니다. 물건가격은 계속 오르지만 화폐의 가치는 계속 떨어지자 생필품을 사려면 수레에 한가득 돈을 실어가야 했습니다.

각국의 중앙은행은 나라의 경제 상황을 고려해 물가상승률을 관리하고, 통화량을 조절하는 역할을 합니다. 이 역할을 제대로 하지 못하면 화폐의 가치가 크게 떨어지거나 오를 수 있습니다.

"1달러를 바꾸려면 우리 돈으로 1,300원을 줘야 해… 하지만 가격은 계속 변해"

환율이란 화폐의 교환 비율을 말합니다. 2023년 11월 원달러 환율은 약 1,300원에서 움직이고 있어요. 만약에 우리가 여행을 가기 위해서 원화를 달러로 바꾸려고 한다면 약 1,300원이 필요하다는 의미입니다. 그런데 환율은 실시간으로 변해요. 2015년에는 1,000원 밑으로 떨어진 적도 있고, 2022년에는 1,400원을 넘어서기도 했어요. 환율이 변하는 건 여러 가지 요인이 있지만 원달러 환율이 많이 오르는 이유는 달러를 사려는 사람이 많기 때문이에요. 어떤 것이든 사려는 사람이 많아지면(수요가 많아지면) 가격이 올라요. 특히 세계 경제가 불안할 때는 안전 자산인 달러를 찾는 사람이 많기 때문에 달러의 가격이 많이 오릅니다. 환율은 실시간으로 변하기 때문에 아이들과 검색을 통해서 가격이 변하는 것을 살펴보거나 실제로 은행에 가서 환전을 해보는 것도 좋아요.

"1유로와 100엔을 사려면 얼마를 줘야 할까?"

유로는 유럽연합의 화폐단위이고, 엔은 일본의 화폐단위입니다. 2023년 11월 현재의 환율에 따라 1유로를 환전하려면 원화약 1,400원, 100엔을 환전하려면 원화 약 880원이 필요합니다. 만약 우리가 일본 여행에 가서 1박에 10,000엔짜리 숙소에 머무른다고 가정한다면 우리 돈 약 8만 8,000원이 소요됩니다. 과거에 원엔 환율이 1,200원일 때도 있었는데 이 환율을 적용하면 같은 10,000엔짜리 숙소를 이용하려면 우리 돈 12만 원의 비용이 듭니다. 상대적으로 저렴한 가격에 일본 여행을 할 수 있게 돼 일본 여행객이 크게 늘었어요.

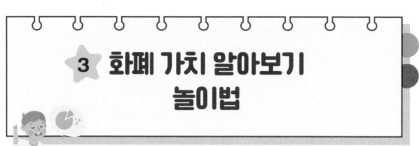

3 화폐 가치 알아보기 놀이법

이제 화폐를 가지고 물건의 가치를 매길 수 있다는 것을 살펴봅니다. 물건의 가치가 높으면 가격이 높아지고, 더 많은 돈을 지불해야 해요. 이제 아이들과 우리나라 화폐를 갖고 놀아봅니다.

준비하기 ◆────────────────────────

실제 돈으로 화폐를 탐색해 봤다면 이제는 페이크 머니를 준비합니다. 시중에서 파는 제품을 활용해도 되고, '플레이코노미' 네이버 카페에 올려 둔 화폐 도안을 활용해도 됩니다. 아니면 직접 엄마와 화폐를 만들어서 활용하는 것도 좋은 방법입니다.

앞에서 살펴본 우리나라 화폐 종류를 참고해 도화지나 A4용지에 그리고, 잘라서 색칠하고 오려서 화폐를 만들 수 있습니다.

집에 있는 물건이나 장난감을 수집해 시장 놀이를 할 준비를 합니다. 한 가지 주제, 예를 들어 식료품을 파는 '슈퍼마켓'이나 학용품을 파는 '문방구' 또는 책을 파는 '서점' 등을 정해서 그에 맞는 물건을 준비합니다. 아이와 엄마가 물건을 파는 상인도 돼 보고 소비자도 돼 볼 것이기 때문에 아이와 함께 어떤 물건을 팔면 좋을지 상의해서 정하고 그 주제에 맞는 물건을 수집합니다.

플레이코노미 활동 ◆

| 상점 이름 정하고 물건 진열하기 |

아이들과 상점을 차립니다. 상점 이름을 정해봅니다. 스케치북 한 장을 뜯어 반으로 접어 입간판도 만들어보세요. 자신의 이름을 붙인 '다나 슈퍼마켓' 또는 제품의 특징을 살린 '신선 슈퍼마켓' 또는 '다 있어 문방구' 같은, 아이들이 어떤 상점을 열고 싶은지 이야기를 나눠보고 색연필 등으로 꾸며봅니다. 아이는 아이대로 엄마는 엄마대로 각각 만들어도 좋습니다. 서로의 생각이 다른 것을 살펴볼 수 있어요.

| 가격 정하기 |

수집한 물건을 가져와 가격을 정합니다. 그동안 가격에 관심이 없던 아이들은 터무니없는 가격을 설정할지도 몰라요. 그래도 괜찮습니다. 놀이하기 전에 아이와 물건 가격이 대체로 얼마에 형성돼 있는지 직접 상점에서 살펴보는 시간을 가져보면 좋습니다. 설령 그렇지 못했다고 하더라도 괜찮습니다. 이번 놀이를 해보고 이후에 상점의 가격을 살펴봐도 무관합니다. 그리고 다음 놀이를 할 때 적절하게 가격을 조절해 보면 됩니다. 어느 순간에 아이가 적절한 가격을 매길 줄 알게 될 겁니다. 엄마는 엄마대로 엄마의 상점을 꾸미고 합리적으로 가격을 정합니다.

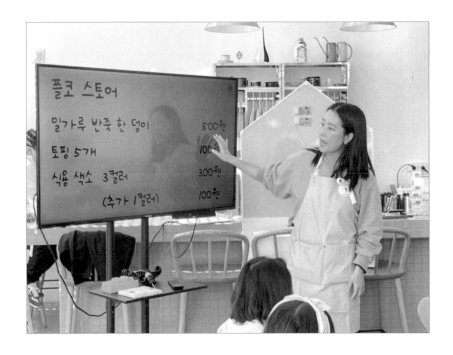

| 상인-소비자 역할 놀이하기 |

먼저 아이가 상인이 됩니다. 아이가 꾸며 놓은 상점이 뭐하는 곳인지 질문합니다. "여기는 뭘 파는 곳이에요? 이름은 왜 이렇게 지었어요? 언제 오픈하셨어요?" 등등의 질문을 합니다. "오늘 가장 좋은 물건은 뭐예요? 저는 오늘 피자를 구우려고 하는데요. 어떤 재료가 신선한가요?" 등 상점에서 할 수 있는 질문을 건네 봅니다. 엄마가 다양하게 질문하면 아이가 소비자가 됐을 때 다양한 질문을 던질 수 있으니, 최대한 많은 대화를 해보세요.

| 직접 물건을 구매하고 계산해보기 |

소비자는 5천 원의 예산을 정하고 그 안에서 장을 보는 것으로 규칙을 정합니다. 상인에게도 소비자에게 거슬러줄 잔돈을 미리 지급합니다. 엄마가 물건을 직접 구입해 봅니다. 예산을 넘어서는 것이 있다면 "너무 비싸다" "깎아 달라" 하는 등의 제안을 해봅니다. 대부분의 아이들은 엄마가 원하는 대로 다 싸게 주려고 할 겁니다. 그런 경우 물건을 다 사 와서 상점에 더 이상 팔 수 있는 물건이 없게 되는 상황을 만들어도 됩니다. 그럼 엄마가 다음번엔 "아, 물건 사러 왔는데 물건이 없네요" "이렇게 물건이 없으면 다른 데로 가봐야겠네요" 등등 우리 생활에서 벌어질 수 있는 다양한 이야기를 주고받습니다. 엄마와 아이가 소통하는 시간이 늘고 물건을 팔고 구매하는 경제활동을 경험해 보면서 아이들은 경제적 사고를 시작하게 됩니다.

반대의 상황도 만들어봅니다. 이번엔 아이가 소비자, 엄마가 상인이 돼 봅니다. 아이가 물건을 사러 왔을 때 깎아 달라고 제안하면 "이 제품은 다른 것보다 신선하기 때문에 깎아 드릴 수가 없어요" 또는 "이미 가장 싼 가격이에요" 등등 합리적인 이유를 대면서 거절해봅니다. 아이들은 당황하겠지만 어떻게 해야 할지 생각할 것입니다. 떼를 쓸 수도 있지만 아이들과 협상하는 과정을 거쳐봅니다. "자주 오시니 이번엔 깎아 드리지만, 다음엔 안 돼요. 다른 가게 가지 말고, 다음에도 꼭 우리 가게에 와주세요" 등 다양한 대화를 주고받을수록 다음 놀이에서 아이들이 따라 하거나 좀 더 폭넓은 생각을 하게 될 겁니다.

그리고 물건을 사고팔 때 계산도 해봅니다. 아이가 상인 또는 소비자가 돼 적절한 지불을 하고 적절하게 돈을 거슬러 줄 수 있도록 합니다. 아이가 소비자일 때 (예를 들어) 5천 원의 예산이 넘어가면 물건을 살 수 없다는 걸 경험하거나 아이가 판매자일 때 소비자가 돈이 없으면 물건을 팔 수 없다는 걸 경험합니다. 사거나 팔 수 없는 상황을 경험하면 목적을 달성할 수 있는 다른 방법을 고민하게 되겠지요. 관련 활동지도 네이버 카페 '플레이코노미'에 올려 두었습니다.

엄마가 해주는 경제 이야기 ◆ ─────────────

"물건을 사는 것 외에도 우리는 서비스를 살 수도 있어"

위에서 해본 시장 놀이는 대부분 '재화'를 사고파는 놀이로 구성됐습니다. 하지만 우리는 서비스를 사고팔기도 하죠. 이렇게 돈을 내고 사야 하는 재화나 서비스를 '경제재'라고 합니다. 재화는 형태가 있어 우리 눈에 보이거나 만질 수 있는 것을 말합니다. 서비스를 사는 것은 어떤 게 있을까요? 예를 들어 미용실에 가면 헤어 디자이너가 자기 기술로 머리를 예쁘게 잘라주죠. 병원에 가서 치료를 받으면 의료 서비스에 대한 이용료를 냅니다. 택시나 지하철을 타는 것도 서비스를 사는 것에 해당됩니다.

식당에서 음식을 사 먹는 경우 그 음식 자체는 '재화'입니다. 다만 음식점에 가는 것은 서비스를 이용하는 것이기도 해요. 음식점에서 요리사가 해주는 맛있는 음식을 먹는 것, 음식점의 분위기를 이용하는 것은 서비스를 사는 것이라고 할 수 있어요.

아이들과 재화를 파는 상점 놀이뿐 아니라 미용실 놀이, 병원 놀이, 세차장 놀이 등 서비스를 판매하는 상점 놀이로 응용해 볼 수도 있습니다. 역시 어떤 가게 이름을 지을지, 어떤 서비스로 구성할지, 가격은 얼마로 정할지 등을 이야기해보고, 지불하는 것까지 놀이로 연결시켜 보세요. 또 평소에 아이들과 상점에 갈 때마다 재화를 사는 것인지, 서비스를 사는 것인지 아니면 혼재돼 있는지 구별해 보면 일상에서 다양한 경제 대화를 나눌 수 있습니다.

"돈으로 사지 않아도 되는 것이 있어"

우리가 재화를 사거나 서비스를 이용할 때 대부분 돈을 내야 하지만 돈으로 사지 않아도 되는 것이 있죠. 공짜로 얻을 수 있는 자원이 있습니다. 공기나 햇빛, 바람, 바닷물 같은 것이죠. 이런 것들은 자유재(무상재)라고 합니다. 아이들에게 돈을 내지 않고 이용할 수 있는 자유재에는 어떤 것들이 있는지 질문해 보세요. 대부분 자연에서 얻을 수 있는 것들이에요. 소유자를 정하기가 어렵기 때문이죠. 숨 쉬는 데 꼭 필요한 공기, 비를 내려주는 구름, 강물을 만드는 비 같은 것들이 있습니다.

예전에는 물도 자유재였지만 요즘에는 일부는 돈을 주고 사야 하는 경제재로 변했습니다. 환경오염으로 물이 더러워지자 기업들은 깨끗한 물을 팔기도 해요. 집에서도 정수기를 이용하기도 합니다. 하지만 바닷가나 계곡에서 물놀이할 때는 물에 대한 이용료를 내지 않아요. 바닷물도 소유자를 정하기가 어렵기 때문이죠.

우리가 환경을 깨끗하게 지키지 못한다면 공기조차 돈을 주고 사야 할지도 몰라요. 이미 더 깨끗한 공기를 만들기 위해 집이나 사무실에 공기청정기를 두는 곳이 많아졌어요. 하지만 생활하기조차 어려울 정도로 많은 먼지가 공기 중에 떠다닌다면 아마 우주복 같은 유리 볼을 머리에 쓰고 다녀야 하는 날이 올지도 몰라요. 그리고 깨끗한 공기가 나오는 산소통을 달고 다녀야 할지도 모릅니다.

"물건을 사면 대부분 가격이 떨어지지만 가격이 오르는 물건도 있어"

소비자가 물건 가격을 지불한 후 소유자가 변경되면 대체로 그 물건의 가격은 떨어집니다. 시간이 갈수록 가격은 낮아지죠. 예를 들어 태블릿 PC를 하나 샀다고 가정했을 때, 한 번도 사용하지 않은 제품이라고 해도 다시 팔려면 내가 산 가격에는 팔기 힘듭니다. 이미 '중고' 제품이 됐기 때문이에요. 그래서 어떤 소비자들은 중고 거래 사이트에서 미사용 제품을 저렴하게 구입하기도 해요. 가전제품이나 자동차 등도 사고 나면 시간이 지날수록 가격이 떨어집니다.

하지만 사고 난 후 시간이 지나면 가격이 오르는 것들이 있어요. 예를 들어 금이나 건물, 땅, 주식 같은 것들이죠. 물론 단기간에는 가격이 떨어질 수도 있어요. 하지만 대체로 시간이 지나면 가격이 오를 것이라 기대하기 때문에 우리는 이런 것들을 살 때 '투자한다'고 해요. 투자(投資, investment)란 이익을 얻을 목적으로 돈이나 시간, 정성을 쏟는 것을 말해요. 하지만 '투자'는 반대로 가격이 내려가 손해를 볼 위험도 있어요. 따라서 투자할 때는 손해를 볼 위험이 작은 것을 잘 선별해야 해요.

"저기 보이는 저 큰 건물도 살 수 있어"

집, 건물, 땅을 소유하는 것은 어른들의 꿈이기도 하죠. 이런 것들을 사기 위해 얼마나 많은 돈이 필요할지 저도 개념이 쉽게 잡히지는 않습니다. 수십, 수백억 원에 해당하는 돈을 손으로 만져본 적이 없으니 상상속에만 있을 뿐이죠. 그럼에도 불구하고 '투자'의 개념으로 접근해 아이들과 이야기를 나눠본다면 '돈의 기능'에 대한 아이들의 사고를 확장시킬 수 있습니다. 이런 사고를 전혀 하지 않았는데도 아이들에게 건물이나 땅이 뚝 떨어질 가능성은 지극히 일부의 아이들에게 해당될 테니까요.

자산(資産, asset)이란 개인이나 법인이 소유하고 있는 유형·무형의 가치가 있는 재화나 권리를 말합니다. 돈으로 물건이나 서비스를 사서 소비할 수도 있지만 자산에 투자할 수도 있다는 것을 아이들이 인식하는 것만 해도 아이들의 미래를 바꾸는 시작이라고 할 수 있습니다.

투자할 수 있는 자산에는 집이나 건물, 땅도 있지만 그보다 적은 돈으로 할 수 있는 자산도 있습니다. 예를 들면 금이나 달러 같은 자산이 여기에 해당됩니다. 직접 금이나 달러 현물에 투자할 수도 있지만 금융상품을 통해서 간접 투자할 수도 있습니다. 부동산의 경우에도 이를 기초자산으로 한 금융상품에 투자하면 큰돈을 들여 부동산을 소유하지 않아도 해당 부동산에 투자한 효과를 볼 수 있습니다. 그 외에도 기업의 일부를 쪼개서 사는 주식도 비교적 적은 돈으로 투자할 수 있는 자산입니다.

하지만 이런 자산들이 항상 오르기만 하는 것이 아니기 때문에 손실의 위험이 존재합니다. 그래서 '저축'이라고 하지 않고 '투자'라고 하는 것입니다. 그 위험에 대한 책임도 본인이 집니다. 다만 경제를 공부하면 손실을 최소화하고 이익을 최대화할 수 있는 확률을 높입니다.

우량한 자산을 골라 아이들이 어른이 됐을 때, 또는 아이들이 은퇴한 이후 등 장기적인 기간을 설정해 투자한다면 단기 변동에는 흔들리지 않을 수 있습니다. 우량자산은 시간이 지날수록 가격이 우상향하기 때문입니다.

만약 지금은 가치가 높더라도 아이들이 성인이 됐을 때 가치가 떨어져 사라지고 없어질 자산에 투자했다면 자금을 날릴 위험도 있습니다. 그래서 세상의 변화에, 즉 경제에 늘 관심을 갖고 있어야 합니다. 나의 자산을 지키려면 세상이 어떻게 변화하는지 알아야 합니다.

"돈으로 절대 살 수 없는 것도 있어"

화폐의 가치에 대해서 얘기할 때 꼭 함께 알려줘야 하는 것 중 하나가 바로 돈으로 절대 살 수 없는 것에 대한 이야기입니다. 아무리 투자를 잘하고, 돈이 많다고 하더라도 돈보다 더 중요한 것도 있음을 아이들이 잊어서는 안 됩니다. 대표적으로 사람의 생명, 신뢰, 겸손, 성실, 자존감 등이 있겠죠. 여기서 생명이 돈보다 얼마나 중요한지를 이야기하는 것은 크게 의미가 없다고 봅니다. 어쨌든 돈으로 살 수 없는 것 중에 살면서 중요한 것이 아주 많다는 것을 우리 부모들이 함께 강조할 필요가 있습니다.

그런데 돈으로 절대 살 수 없는 것들에 대한 소중함을 잘 알면 아이러니하게 돈을 벌고 자산을 쌓는 데도 도움이 됩니다. 예를 들어 투자를 잘하려면 늘 시장을 분석하고, 경제 상황을 알고 있어야 하니 성실해야 합니다. 장사를 하더라도, 직장생활을 하더라도, 좋은 성과를 내려면 사람의 마음을 흔들 줄 아는 센스와 공감 능력이 있어야 합니다. 신뢰가 없다면 내가 하는 일에 좋은 성과를 내기는 힘들겠죠. 또 자존감이 높으면 자기 생각을 잘 표현할 줄 알고, 상대방도 존중해 줄 수 있습니다. 아이가 건강한 생각으로 현명하게 돈을 벌어 몸도 마음도 풍요로운 삶을 살 수 있도록 하기 위해서는 돈으로 살 수 없는 것들에 대한 소중함을 알려주는 것이 중요합니다.

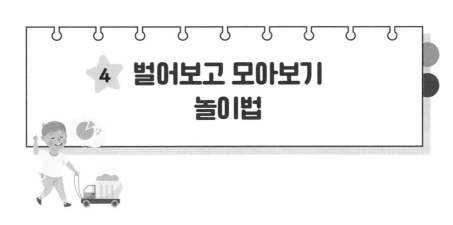

4 벌어보고 모아보기 놀이법

자, 이제 드디어 아이들과 돈을 벌어볼 시간입니다. 아이들이 돈을 벌 수 있는 창구는 엄마가 정기적으로 주는 용돈 외에 집안일을 도와주고 정해진 금액을 벌어보는 경험을 할 수 있습니다. 아이들이 직접 가사일을 대신 해주는 회사의 사장님이 돼 돈을 버는 것이 쉽지 않다는 것을 경험해보면 아이들이 좀 더 합리적인 소비를 하거나 다른 방법으로 돈을 벌 생각을 할 수도 있습니다.

전문가들은 어려서부터 아이들이 용돈을 관리하는 경험을 하면 커서도 돈을 관리하는 것을 당연하게 생각한다고 합니다. 성인이 된 지금 나조차 돈 관리가 어려운 분들이 있다면, 아이들에게는 내가 얼마나 쓰고, 얼마나 버는지, 얼마나 저축하고 투자하며 기부하는지 꼭 알려줄 필요가 있습니다. 아이들과 이야기를 준비하는 것을 계기로 엄마도 우리 집의 수입과 지출, 저축, 투자, 기부를 따져보고 점검해보세요.

준비하기 ◆ ──────────────────────

| 홈 서비스 목록 작성하기 |

아이들과 홈 서비스 목록을 작성할 준비를 합니다. 펜과 A4용지, 색연필, 편지 봉투 등이 필요합니다. 아이와 함께 홈 서비스 목록과 금액을 정해봅니다. 예를 들어 신발장 정리 500원, 밥 먹을 때 숟가락 놓기 500원, 엄마 어깨 주물러 주기 500원, 동생 돌봐 주기 1,000원 등 아이와 집안의 상황에 맞춰 어떤 일을 하고, 얼마를 받을지 협의를 통해 목록을 작성합니다.

| 당연히 해야 할 것은 목록에서 제외하기 |

이때 주의할 점은 아이들이 당연히 해야 하는 것, 예를 들어 숙제하기, 양치하기, 일찍 자기 등은 홈 서비스 목록에 넣지 않습니다. 아이들이 당연히 해야 할 것들에 용돈을 주면 당연히 할 일을 하고 돈을 요구해도 된다는 인식이 쌓이기 때문입니다. 다만 아이들의 노력이 많이 들어간 미션에 대해서는 격려 차원에서 특별 지급 항목으로 규정할 수 있음을 명시합니다.

'홈서비스' 내용 및 가격

● 엄마와함께 '홈 서비스'로 제공할 수 있는 목록과 가격을 적어보아요.
● 홈서비스 제공 기간 : ＿＿＿＿ 월 ＿＿＿ 일 ~ ＿＿＿＿ 월 ＿＿＿ 일
● 목표 수익 : ＿＿＿＿＿＿＿＿＿＿＿＿＿ 원

서비스 목록	가격

홈 서비스 내용 및 목록

| 일정 기간을 정해 실천해보고 부족한 부분은 수정하기 |

일주일 또는 한 달의 기간을 정해 놓고 실천해보되 중간에 수정이 필요한 부분은 아이와 엄마가 협의해 목록을 더하고 빼거나 지급 금액을 수정할 수 있습니다. 홈 서비스 목록은 네이버 카페 '플레이코노미'에서 내려받으실 수 있습니다.

플레이코노미 활동 ◆ ─────────────────────

| 용돈으로 사고 싶은 것 이야기해보기 |

아이들과 용돈을 벌면 사고 싶은 것에 대해 이야기해봅니다. 돈을 모을 때 목적이 있으면 용돈 벌기 과정이 더 즐거울 수 있습니다. 아이와 홈 서비스 제공 기간을 정해두고 그 이후 용돈을 모아서 뭘 하고 싶은지에 이야기를 나눠봅니다. 그리고 하고 싶은 것을 하기 위해서는 얼마의 돈을 모아야 하는지도 검색을 통해 살펴봅니다.

| 용돈 봉투 꾸미기 |

용돈 벌기 활동을 하고 용돈을 담아둘 용돈 봉투를 꾸며봅니다. 아이들이 사고 싶은 것을 그리거나 쓰게 하는 방법도 좋습니다. 색연필로 꾸미고 스티커를 붙이는 등 아이들 스스로 애착

이 갈 수 있게 꾸며보세요. 이때 엄마는 옛날에 용돈을 어떻게 받았는지, 용돈으로 뭘 했는지 이야기해주면서 아이들과 대화를 이끌어 갑니다.

(은행연합회 Group bakit 키트 활용)

| 페이크 머니 만들기 |

용돈 벌기 활동은 페이크 머니를 활용합니다. 페이크 머니 화폐 도안은 네이버 카페 '플레이코노미'에서 내려받을 수 있습니다. 화폐 도안 활용법은 2장(52~53페이지)를 참고하세요.

(   ) 계약서

● 근로계약서, 용역제공 계약서 등 서비스나 근로를 제공하고 돈을 받는 형태의 계약서를 작성해 봅니다.

☐☐☐☐☐ 는 ☐☐☐☐☐ 에게

홈 서비스를 제공받고 각 내용에 해당하는 금액을 지급할 것을 약속합니다.

홈서비스 제공 기간은   월   일 부터

       월   일까지 입니다.

그 외

_____

_____

_____

_____

       년   월   일

의뢰자(고용인):

사업자(근로자):

계약서 활동지

| 계약서 작성하기 |

실제로 아이와 엄마가 홈 서비스 제공에 관한 계약서를 작성해 봅니다. 엄마는 소비자, 아이는 홈 서비스를 제공하는 사장님이 됩니다. 계약서에는 서비스 내용과 제공 기간, 금액뿐 아니라 서비스 제공 시간 및 휴게시간 보장 등 다양한 내용을 넣을 수 있습니다. 어떤 내용을 넣으면 좋을지 협의해보세요.

소비자와 홈 서비스 업체의 용역 제공 계약서 형태가 아니라 엄마가 아이를 고용한 형태의 '고용계약서'를 작성할 수도 있습니다. 고용계약서에는 고용 기간, 업무 제공 내용 등의 내용이 포함될 수 있습니다.

아이와 계약서를 직접 작성해보고 서로 사인하는 경험을 해 봅니다.

| 용돈 벌고 목표 물품 구입하기 |

이후 홈 서비스 목록을 시행할 때마다 페이크 머니를 용돈 봉투 주머니에 넣어줍니다. 약속된 시간이 지나면 진짜 돈으로 바꿔 아이가 목표한 것을 직접 구입해 봅니다. 돈이 모자란다면 다음 달로 넘어가 용돈을 더 벌 계획을 세우거나, 사기로 한 것을 예산에 맞게 변경할 수도 있습니다.

엄마가 들려주는 경제 이야기 ◆ ─────────────

"근로계약서를 쓰면 근로자로서 보호받을 수 있어"

회사에서 일하는 사람을 '근로자', 회사에서 나를 고용한 사장을 '고용인' 또는 '사용자'라고 합니다. 아이들이 근로계약서를 작성해본 경험을 토대로 엄마나 아빠도 회사에 들어갈 때 고용계약서를 작성한 이야기를 들려줍니다. '근로(고용)계약'이란 근로자가 사용자에게 근로를 제공하고 사용자는 이에 대해 임금을 지급하는 것을 목적으로 체결된 계약을 말합니다.

근로계약서 안에는 임금과 근로 시간뿐 아니라 휴일과 연차에 대한 항목도 포함돼야 합니다. 연차가 있으면 아이가 갑자기 아플 때 병원에 갈 수도 있고, 가족끼리 여행을 떠날 수도 있습니다. 근로자가 행복하게 일할 수 있도록 보호하기 위한 장치이지요.

정부에서는 근로자를 보호하기 위해 '최저 임금' 제도를 채택하고 매년 그 금액을 협상합니다. 예전에는 법으로 정해진 것이 없어서 쉬는 시간 없이 일하고, 돈을 제대로 받지 못하는 근로자도 많았어요. 그래서 법에서 '근로계약서' 내에 휴게시간 보장, 임금 지급 규정 등을 모두 포함하도록 정하고 있어요. 만약 고용인이 이 내용을 지키지 않으면 근로자는 법적으로 해당 항목들을 지키라고 요구할 수 있고, 사정이 안되면 고용자는 처벌

받을 수 있어요.

"엄마는 ○○라는 회사의 근로자야"

계약서를 쓴 것을 계기로 엄마 또는 아빠가 어떤 일을 하는 사람인지 '직업'에 대한 이야기를 해볼 수 있습니다. 저는 늘 노트북 앞에 있으니 아이가 저를 '컴퓨터 고치는 사람'으로 알고 있더라고요. 먼저 엄마나 아빠가 하는 일을 보여주고, "엄마 아빠의 직업이 뭘까?"라고 질문해봐도 좋습니다. 그리고 다양한 직업에 대해서 얘기해보세요. 아이들이 가장 자주 만나는 선생님, 병원의 의사와 간호사, 편의점 사장님, TV 속 영상 제작자 등 다양한 직업에 대해서 이야기해봅니다. 그리고 아이가 커서 어떤 일을 하고 싶은지도 이야기해볼 수 있습니다.

"아빠와 엄마는 일하고 월급을 받아. 그리고 계획을 세워서 소비해"

우리 가정의 주 수입원이 무엇인지 아이와 이야기해봅니다. 아빠와 엄마가 직장에서 벌어온 월급인지 아니면 장사를 통해 번 돈인지 아니면 상가를 임대하고 받는 임대료인지 등에 대해서 이야기해 볼 수 있습니다. 매달 들어오는 수입 중에 가장 많이 돈이 들어가는 곳이 어디인지도 이야기해봅니다.

사람이 생활하는 데 기본적인 3대 요소는 바로 '의식주'입니다. 옷을 입고, 밥을 먹고, 집에서 생활하는 것을 말하죠. 이 3대

요소 가운데 어디에 가장 많이 돈이 들어가는지 이야기해봐도 좋습니다. 주거를 위해 금융 비용이 들어간다면 수입에서 상당 부분이 돈을 빌려서, 이자를 갚는 데 쓴다는 이야기를 자연스럽게 꺼낼 수 있습니다.

돈을 빌리는 것도 금융을 활용하는 것 중의 하나입니다. 예를 들어 금리가 낮을 때는 대출을 일으켜 다른 곳에 투자해 얻은 수익에서 이자비용을 뺀 차액만큼 이익을 얻을 수 있습니다. 요즘에는 갚을 수 있는 능력만큼 돈을 빌려주기 때문에 은행 대출을 부끄러워할 필요가 없습니다.

그리고 실제로 자산에는 빚도 포함됩니다. 만약 1억짜리 집을 샀는데 개인 돈 5천만 원에 대출 5천만 원이 있다고 해도 자신의 자산은 1억 원으로 집계됩니다. 1년 전과 비교해 상대적으로 금리가 높기 때문에 대출을 받는 것에 신중해야 합니다. 중요한 것은 '자기가 감당할 수 있는가'입니다. 감당할 수 있는 정도라면 사업을 하거나 더 큰 이익을 위해 대출을 활용할 수 있습니다.

은행 대출에 대한 이야기가 아니더라도 수입 중 아이의 학원비에 가장 많이 투입된다든지 지난달 여행을 가는 바람에 계획보다 좀 더 많은 지출을 했다든지 하는 이야기도 있는 그대로 이야기해볼 수 있습니다. 다만 아이에게 생활비의 부담을 느끼게 해주는 것은 삼가해야 합니다. 번 돈(수입)을 엄마 나름의 계획을 세워 쓰고 있다는 점을 아이에게 알려주는 것이 목적입니다. 또 번 돈의 일부를 어떻게 저축하고, 어떻게 투자하는지 알려주고, 실제로 목표치 만큼 돈이 모여서 실천하는 모습을 보여주는 것만으로도, 아이들에게는 돈 공부가 될 것입니다.

체험하기 ◆

한국잡월드 https://www.koreajobworld.or.kr/

고용노동부 산하 공공기관 '한국잡월드'에서 진행하는 종합 직업 체험관입니다. 은행, 경찰서, 소방서, 슈퍼마켓, 미용실, 방송국 등의 직장에서 직업을 체험해보는 프로그램에 참여할 수 있습니다. 우리가 쉽게 접할 수 있는 직업 외에도 로봇 개발자, 고생물학자, 우주비행사, 마술사 등 다양한 직업에 대해 알아볼 수 있습니다.

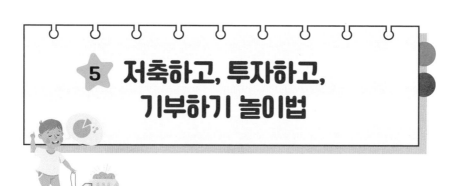

5 저축하고, 투자하고, 기부하기 놀이법

    아이가 모은 돈은 어떻게 해야 할까요? 모은 돈으로 사고 싶은 것을 사는 경험을 해봤다면 이번엔 용돈으로 소비 외에도 할 수 있는 것들에 대해 이야기해보고 놀아볼 차례입니다. 우리가 번 돈을 모두 소비한다면 갑자기 사업을 시작해야 한다거나, 집을 사야 한다거나, 가까운 지인의 경조사 등 목돈이 필요한 상황이 생겼을 때 대처하기 어렵고, 미래를 준비하는 것도 어렵습니다.

    미래에 아파서 일을 할 수 없게 된다면 어떨까요? 인간의 기본 생활에 필요한 의식주도 해결하지 못하는 상황이 될 수도 있습니다. 이런 상황에 우리는 미리미리 대비해야 합니다.

준비하기 ◆ ─────────────────────────

| DIY 저금통 만들기 |

커피숍에서 사용하는 투명한 일회용 컵 4개를 준비합니다. 같은 사이즈 3개와 상대적으로 작은 사이즈 한 개를 준비합니다. 스타벅스 컵으로 치자면 톨사이즈(12온즈, 355ml) 3개, 그리고 어린이용 컵 작은 사이즈(또는 디저트용 컵) 한 개를 준비합니다. 뚜껑은 동전이 들어갈 수 있도록 구멍이 크고 볼록한 모양을 준비합니다. 커피를 마시고 남은 컵으로 재활용해도 좋습니다. 아이들에게 '지구를 구하는 저금통'이라는 설명을 덧붙일 수 있겠죠?

| 저금통을 꾸밀 다양한 재료 준비하기 |

아이들이 좋아하는 스티커와 투명한 컵에도 잘 써지는 유성 매직, 또는 리본 끈이나 종이테이프 등 다양한 장식품 등을 준비합니다. 잘 붙지 않는 장식품은 글루건을 활용해서 붙일 수 있습니다. 각각의 용도를 써 붙일 견출지도 준비합니다.

플레이코노미 활동 ◆ ─────────────

| 저금통의 용도를 파악하고 그에 맞는 미술 활동하기 |

세 개의 컵은 각각 '지출' '저축' '투자' 용도로 쓰일 저금통이고, 작은 하나는 '기부' 용도로 쓸 저금통입니다. 견출지에 각각의 용도를 적어서 잘 보이는 뚜껑 쪽에 붙입니다. 각각의 용도에 맞는 저금통 꾸미기를 해봅니다. 사인펜으로 그림을 그려도 되고, 스티커를 붙여도 되고, 그림을 그려 풀로 붙이는 방식으로 꾸며도 됩니다.

가장 이상적인 자금 계획은 소득의 30%는 지출, 30%는 저축, 30%는 투자, 그리고 나머지 10%는 기부를 위해 모아두는 것입니다. 지출의 두 배는 미래를 위해 저축이나 투자를 하고, 소득의 10%는 기부하면 어려운 사람을 도와줄 수도 있고, 우리 사회가 더 건강하게 돌아갈 수 있도록 하는 데 중요한 역할을 합니다.

주기적으로 주는 용돈이 있어야 습관을 기를 수 있습니다. 저금통을 만들면서 아이들과 용돈 지급 계획에 대해서도 상의해 보세요. 모두의 상황이 다르니 가정에 알맞은 비율로 조절해도 좋습니다.

| 아이와 저축과 투자, 기부에 대해 이야기하기 |

'저축'은 미래를 위해 쌓는 돈입니다. 은행에 예금통장을 만들기 전까지는 집에서 돈이 쌓이는 것이 눈에 보이도록 투명 저금통을 활용해서 돈을 모으는 습관부터 들이면 좋습니다.

'투자'란 이익을 얻을 목적으로 돈이나 시간을 쓰는 것을 말합니다. 대표적으로 '주식 투자'가 있는데 '주식을 사는 것'은 앞으로 더 성장할 수 있는 좋은 기업을 아주 잘게 쪼개서 사는 것입니다.

그 회사의 주식을 사면 회사가 번 돈의 일부를 '배당'[10]으로 받을 수도 있고, 어떤 시점에 되팔 수도 있습니다. 주식을 팔려고 하는 시점에 내가 산 가격보다 높은 가격에 팔아서 수익을 얻을 수도 있지만 반대로 내가 투자한 것보다 낮은 가격에 팔아 손실을 볼 수도 있습니다. 투자는 돈을 잃을 수 있는 '위험'을 동반합니다.

앞서 언급한 대로 '주식'뿐 아니라 금이나 달러, 부동산 같은 실물자산에 투자할 수도 있습니다. 이런 실물자산을 기초자산으로 하는 금융상품에 간접적으로 투자하는 방법도 있습니다. 예를 들어 금에 투자하는 금융상품에 투자했을 경우, 금값이 오르면 수익률이 높아지고, 금값이 떨어지면 수익률이 낮아집니다.

'기부'란 생활이 어려운 사람을 위해 돈이나 물건을 내놓는 것을 말합니다. 기부는 우리 사회를 좀 더 살만 한 사회로 만들 수 있는 좋은 방법입니다. 끼니를 챙기기 어려운 노인, 부모가 없는 아이들, 아픈 부모를 모시고 생활해야 하는 청소년 등 도움이 필요한 곳은 많습니다. 우리가 직접 이들을 찾아내 도움을 주는 것은 한계가 있기 때문에 이런 일을 전문으로 하는 단체에

---

10 배당(配當, dividend) : 주식을 가지고 있는 사람들에게 그 소유 지분에 따라 기업이 이윤을 분배하는 것.

맡기는 것이 더 효율적인 방법일 수 있습니다.

　아이에게 기부금이 모이면 누구를 위해 쓰고 싶은지 이야기
해봅니다. 질문하고 답을 들어본 뒤에 어디에 기부할 수 있는지
함께 찾아봅니다. 장애인을 위한 기부단체 푸르매 재단, 국내외
굶주린 어린이들을 돕는 월드비전이나 세이브더칠드런, 유니세
프 등의 홈페이지를 방문해 도움이 필요한 사람들의 사연을 함
께 읽어보고 도움을 주고 싶은 대상을 명확히 하면 기부의 의미
가 커집니다. 그리고 내가 기부한 돈이 잘 쓰이고 있는지 점검
하는 것도 중요합니다.

　다만 안타까운 마음이 든다고 해서 용돈의 대부분을 기부하

게 되면 나의 기본적인 생활이나 미래를 위한 준비가 잘 되지 않을 수 있다는 점을 강조합니다. 용돈의 10% 정도를 기부를 위해 별도로 모아두는 것이 바람직합니다.

엄마가 들려주는 경제 이야기 ◆ ───────────

"저축이든, 투자든, 기부든 꾸준히 오랜 시간 하는 게 중요해"

제가 이 책이나 아이들과의 오프라인 수업을 통해, 또는 저의 자녀들에게 가장 강조하고 싶은 것이 바로 이 한 문장입니다. 사실 저축을 꾸준히 하는 게 좋다는 것에 대해 동의하지 않는 사람이 있을까요? 모두 알지만 실천하는 것은 쉽지 않습니다.

매월 1만 원씩 모은 아이는 1년이 지나면 12만 원이 모아져 있겠죠. 하지만 한 달만 모으고 중단한 아이는 계속 1만 원뿐입니다.

A

1월	2월	3월	4월	5월	6월	7월	8월	9월	10월	11월	12월	합계
1만 원	1만 원	1만 원	1만 원	1만 원	1만 원	1만 원	1만 원	1만 원	1만 원	1만 원	1만 원	12만 원

B

1월	2월	3월	4월	5월	6월	7월	8월	9월	10월	11월	12월	합계
1만 원	X	X	X	X	X	X	X	X	X	X	X	1만 원

1년이 지나면 12배 차이가 납니다. 이렇게 당연한 걸 표까지 만들어서 이야기하는 이유는 실제로 실천하는 사람이 많지 않기 때문이죠. 아이에게 습관을 길러주는 것이 가장 중요합니다. 여기에 은행에 저축했을 경우 '이자'가 더해지고 '이자에 이자가 더해지는 복리'가 적용되면 내가 저축한 돈보다 더 많은 돈이 모이니 아이가 성인이 돼서도 습관을 유지하는 것이 중요합니다.

미국에서는 아이들에게 금융 교육을 할 때 저축뿐 아니라 '투자'의 개념도 꼭 가르칩니다. 그래서인지 미국의 부자들은 '금융 자산'의 비중이 높습니다. 우리나라에서는 '투자'에 대해서는 아직도 보수적으로 접근하는 분위기입니다. 학교에서도 저축까지만 가르치는 경우가 많습니다. 하지만 가격이 오를 만한 자산에 꾸준히 투자하면 그 결과는 저축과 비교할 수 없을 만큼 커질 수 있습니다.

우리나라 코스피를 예로 들면, 코스피는 장기적으로 우상향해 왔습니다. 매달 또는 매년의 지수를 보면 전달보다 또는 전

년보다 수치가 낮아질 때도 많습니다. 하지만 10년, 20년으로 길게 보면 코스피는 우상향하는 모습입니다.

코스피뿐 아니라 미국의 대표 지수인 S&P500도 마찬가지입니다. 변동성이 있을 수 있지만 약세장에서는 해당 자산을 싸게 살 수 있다는 장점이 있습니다. 물론 내가 돈이 필요한 시점에 지수가 내가 투자한 수치보다 아래쪽에 있을 수 있습니다. 해외의 어떤 나라에서 전쟁이 터진다거나 코로나처럼 새로운 전염병이 돌아 시장이 충격을 받으면 증시는 출렁입니다. 하지만 역사적으로 단기적인 충격 이후 지수는 이전 수준 이상으로 늘 회복했습니다. 꾸준할수록, 오랜 시간을 투자할수록 손실율은 축소됩니다.

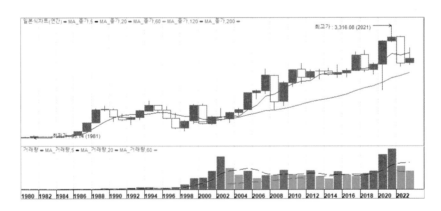

코스피 1980~2022

"시간도 돈이 될 수 있어"

미국의 유명한 정치가이자 과학자, 저술가, 발명가인 벤자민 프랭클린은 "시간도 돈이다"라고 말했습니다. 그는 미국 100달러의 주인공이기도 하죠. 시간을 어떻게 활용하느냐에 따라서 우리 아이의 미래가 달라질 수 있습니다.

증권부에서 취재를 하면서 펀드매니저나 애널리스트 등 투자 전문가를 만날 일이 많습니다. 이런 분들에게 아이들을 위한 투자, 또는 미래를 위한 연금 투자와 관련해 "언제 시작하면 좋겠는가?"라고 질문하면 항상 "지금 당장"이라는 답변이 돌아옵니다. 당시 30대인 저는 그 답변이 크게 와닿지 않았습니다. '벌써 연금을 준비하라고?' '아이들은 돈 벌면 자기가 알아서 하겠지…' 같은 생각이 들었습니다.

하지만 40대인 지금, 그 조언을 받아들여 '10년 전부터 꾸준히 투자했더라면 얼마나 좋았을까?' 하는 후회를 하고 있습니다. 하지만 그 10년은 버려졌습니다. 그 때문에 우리 아이들의 투자는 출생신고를 한 이후 바로 저축통장 계좌와 펀드 계좌를 만들어 시작했습니다.

저는 매달 투자하는 방식을 선택했지만 자산가들은 아이들이 태어나자 마자 2천만 원+α를 증여해 그 돈으로 아이들의 자산을 불려 주기도 합니다. 태어난 후 10년 동안 2천만 원까지 증여세가 면제되는데, 꾸준히 관리하면 아이가 성인이 됐을 때 그 돈은 분명히 커져 있을 것이라는 믿음이 있는 거죠. 투자를 통해 얻은 수익은 증여세 부과 대상이 아닙니다. 아이가 태어나자 마자 2천만 원을 증여해 10년 후 만약 1억 원이 된다면 증여세는 0원이지만 10살에 1억 원을 아이에게 증여한다면 2천만 원을 제외한 8천만 원에 대해서는 증여세율 10%를 적용해 800만 원을 증여세로 내야 합니다. 만약 신고하지 않았다면 20%가 가산됩니다.

자녀 증여 비과세 한도

0~9세	2천만 원
10~19세	2천만 원
20~29세	5천만 원
30세~	5천만 원

빨리 투자를 시작할수록 복리의 효과를 더 누릴 수 있기 때문에 아이들에게 투자의 개념을 일찍부터 지속해서 알려주고 습관을 길러주면 아이들은 엄마보다 훨씬 더 풍요로운 삶을 살 수 있을 것입니다.

증여세율

과세표준	증여세 세율	누진공제액
1억 원 이하	10%	없음
5억 원 이하	20%	1천만 원
10억 원 이하	30%	6천만 원
30억 원 이하	40%	1억 6천만 원
30억 원 초과	50%	4억 6천만 원

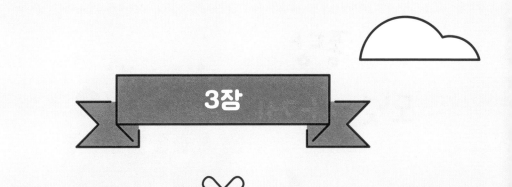

3장

경제 동화로 이해하고 놀이로 경험하기

초코 퐁당
도넛 가게

글·그림 By pico

어느 마을에 아주 유명한 도넛 가게가 있었어요. 이 가게에는 아침마다 도넛을 사려는 사람들로 줄이 길게 늘어져 있었어요.

처음에 사람들은 "도넛이 맛있어 봤자 도넛 아냐?"라고 대수롭지 않게 말했지만, 한 번 맛을 보면 다시 이 가게를 찾을 수밖에 없었어요.

소문을 듣고 다른 마을 사람들까지 찾아오는 통에 도넛 가게의 줄은 계속 길어졌어요. 매장의 규모는 작았지만 늘 깨끗했고, 예쁜 도넛들이 가득 진열돼 있어 사람들의 마음을 사로잡았어요.

"너무 예뻐서 도넛들을 구경만 해도 행복해요."

"맛은 어떻고? 한 입 베어 물면 입에서 도넛이 녹아서 사라진다니까."

"은은한 달콤함이 입 안에 맴돌아 여운이 오래 남아."

이 도넛 가게 사장님은 부지런한 젊은 부부예요. 부부는 도넛을 너무 좋아해서 세상에서 가장 맛있는 도넛을 많은 사람이 맛볼 수 있게 하겠다고 결심하고 매장을 열었어요.

매장을 열기 전 가장 어려웠던 일은

레시피를 개발하는 일이었어요.

"겉은 바삭하지만 속은 촉촉하면서 쫄깃하고, 달콤하지만 담백한 도넛을 만들고 싶어."

남편이 말했어요.

"그러려면 좋은 재료를 써야 해. 재료들의 배합 비율도 아주 중요해."

아내가 말했어요.

"빵을 튀길 때 쓸 기름과 맛을 최대로 끌어 올려줄 온도와 시간도 정해야 해."

남편은 체크리스트를 꼼꼼히 적었어요.

"나는 맛도 좋지만, 세상에서 가장 예쁜 도넛을 만들고 싶어."

아내는 다양한 모양의 도넛 스케치를 보여주면서 말했어요.

"오, 정말 예쁘다! 토핑의 종류와 색깔도 다양해야겠는걸."

남편이 호응했어요.

부부는 실패에 실패를 거듭하고 우여곡절을 겪었지만 6개월 만에 결국 최적의 레시피를 찾아냈어요. 포기하고 싶을 때도 있었지만 서로를 응원하며 결국 성공을 이뤄냈어요.

레시피 완성 후에도 매장의 위치나 인테리어, 접시나 포크, 포장 용기 구입 등 수많은 선택의 과정을 거쳐야 했어요. 꿈에 그리던 가게를 오픈한 뒤에도 부부는 성실함을 유지했어요. 부부는 매일 새벽 시장에서 신선한 재료를 사는 일로 하루를 시작

했어요.

"사장님. 가장 신선하고 좋은 걸로 주세요."

부부는 시장 상인들에게 늘 같은 아침 인사를 건넸어요.

"갓 나온 신선한 계란이 오늘 들어왔지, 갓 짜낸 우유도 미리 준비해 뒀어."

"밀가루와 버터는 늘 고집하는 프랑스 제품으로 벌써 포장해 뒀다고."

"오늘은 딸기가 아주 달고 신선해."

상인들은 늘 가장 좋은 재료를 도넛 가게 부부에게 챙겨주었
어요.

시장에서 돌아온 부부는 쉴 새도 없이 도넛을 만들어요. 도넛
반죽은 남편 담당이에요. 남편은 밀가루와 설탕, 우유, 계란, 버
터를 황금비율로 섞어 반죽해요. 반죽을 넓게 펴 도넛 모양 틀
로 찍어낸 후 깨끗하고 뜨거운 기름에 튀기면 노릇노릇 고소하

고 맛있는 도넛 빵이 만들어져요.

　토핑이나 크림은 아내가 맡아요. 아내는 제철 과일이나 견과류 등을 활용해 크림을 만들어요. 갓 짜낸 우유를 약불에 끓이고, 프랑스산 버터와 설탕을 황금비율로 섞어 거품기로 휘핑하면 풍성하고, 부드러운 크림이 만들어져요. 어떤 재료를 쓰느냐에 따라 맛과 색깔도 달라져요.

　부부가 가장 많이 신경 쓴 도넛 재료는 바로 초콜릿이에요. 부부는 초콜릿을 너무 사랑해서 어디서도 맛볼 수 없는 특별한 초콜릿을 만들고 싶었어요. 그래서 초콜릿의 원재료인 카카오를 직접 찾아 나섰어요. 카카오나무는 열대지방의 습기가 많고 햇빛이 들지 않는 땅에서만 자라기 때문에 재배하기 아주 어려운 식물로 알려져 있어요. 부부는 카카오 농장 몇 군데를 직접 돌아다니며 최상의 카카오를 공급받을 수 있는 곳을 결국 찾아냈어요. 부부는 카카오 열매를 곱게 갈고, 카카오 콩에서 뽑아낸 기름과 향신료를 최상의 비율로 섞어 초콜릿을 만들었어요.

　진심 어린 노력 덕분에 부부는 부드럽고 풍부한 단맛이 나면서도 열대 과일의 산미도 느껴지고, 고소한 견과류

맛도 나는 특별한 초콜릿을 만들 수 있었어요. 여기에 도넛 빵을 살짝 빠뜨렸다가 꺼내면 환상적인 맛의 초코 도넛이 완성돼요. 부부는 이 도넛을 '초코 퐁당 도넛'이라고 이름 지었어요.

매일 아침 '초코 퐁당 도넛'이 거의 완성될 때쯤 날이 밝아와요. 매장 밖에는 이미 사람들이 줄을 길게 늘어섰어요. 드디어 가게의 오픈시간이 되자 사장님은 문을 활짝 열며, 밝은 얼굴로 말했어요.

"기다려 주셔서 정말 감사합니다. 지금부터 도넛 판매를 시작하겠습니다."

역시 가장 인기 있는 도넛은 초코 퐁당 도넛이었어요.

"초코 퐁당 도넛 한 박스요."

딸기나 귤, 망고 같은 과일이 올려진 화려한 도넛이나 크림이 넘칠 정도로 담긴 푸짐한 도넛도 인기가 있었지만 사람들은 초코 퐁당 도넛을 가장 좋아했어요. 그래서 일찍 줄을 서도 초코 도넛을 사지 못하는 사람도 있었어요.

"죄송합니다. 초코 퐁당 도넛은 모두 팔렸어요. '제주 감귤 크림 도넛'도 아주 상큼하고요. '아몬드 범벅 민트 크림'도 아주 고소하고 맛있답니다. 한 번 드셔보세요!"

다른 도넛의 맛도 좋아서 손님들은 점점 늘어만 갔어요.

어느 더운 여름날이었어요. 그해 여름은 이상 기온으로 폭염

이 잦았어요. 이날도 부부는 새벽에 시장을 찾았어요.

"사장님. 가장 신선하고 좋은 걸로 주세요."

부부는 여느 때와 마찬가지로 아침 인사를 건넸어요.

"오늘은 신선한 계란이 들어오질 않았어. 양계장에 폭염이 너무 심해서 닭들이 대부분 폐사했다지 뭐야. 낙농가에도 물 부족으로 젖소의 우유 양도 크게 줄었어. 그나마 며칠 전에 들여온 계란도 수량이 부족하고, 우유도 얼마 없어서 가격이 많이 올랐어."

시장 상인은 한숨을 내쉬었어요.

"아, 그렇군요. 남아있는 것만이라도 주세요."

부부는 평소 두 배의 가격에 재료를 사 올 수밖에 없었어요.

부부는 깊은 고민에 빠졌어요.

"원재료 가격이 이렇게 많이 오르면 지금의 도넛 가격을 유지할 수가 없는데."

"임대료도 못 낼 지경이야. 아무래도 가격을 올리는 것이 좋겠어."

부부는 〈이상기온으로 인한 원재료 가격 상승으로 가격을 올리게 됐습니다. 양해 부탁드립니다〉라는 문구를 문 앞에 써 붙였어요.

3,000원   6,000원

하지만 손님들은 당황했어요.

"아니 초코 퐁당 도넛이 3천 원이었는데 하루아침에 6천 원이라니요. 두 박스를 사려고 했는데… 한 박스만 주세요."

매일 아이와 함께 폭신 크림 도넛과 초코 퐁당 도넛을 사 먹던 손님은 이날은 초코 퐁당 도넛 하나만 주문했어요.

"엄마는 오늘 속이 좋지 않아서 도넛을 먹고 싶지가 않네…."

사장님 부부는 마음이 좋지 않았어요. 그날 이후 아침에 줄을 서는 사람들도 반 이상 줄었어요.

엎친 데 덮친 격으로 카카오 농장에서도 연락이 왔어요. 올해 폭염과 가뭄으로 카카오나무가 잘 자라지 못했다고 해요. 보통 나무 한 그루당 약 30개의 카카오를 수확했는데 이번엔 10개밖에 수확을 못해 가격이 세 배나 올랐다는 내용이었어요. 이상 기온이 우리나라만의 문제가 아니었어요.

"아, 아무래도 가격을 한 번 더 올려야겠어."

남편이 말했어요.

"지금도 비싸서 못 먹는 손님들이 있어. 조금 싼 재료를 써보면 어떨까? 국산 재료나 초콜릿 가루를 사용해도 괜찮을 거야."

아내가 대안을 제시했어요.

"우리 도넛 맛은 최고의 재료에서 나오는 걸 당신도 잘 알잖아. 우리가 얼마나 고생해서 완성한 레시피인데, 그걸 포기할수는 없어."

남편은 강하게 주장했어요.

부부는 토론 끝에 가격을 한 번 더 올리기로 했어요.

6,000원   10,000원

"뭐? 초코 퐁당 도넛 한 개가 1만 원이라고?"

가격을 본 손님들은 대부분 그냥 돌아갔어요. 아이와 엄마 손님은 더 이상 가게를 찾지 않았어요. 그리고 새벽에 줄을 서는 사람도 더 이상 없었어요. 간혹 아주 부유해 보이는 손님들만 박스째 도넛을 사 가는 정도였어요.

그러던 사이 날씨가 좋아져 재료 가격이 점점 안정을 찾았어요. 하지만 부부는 도넛 가격을 다시 내릴 생각이 없어 보였어

요. 최고의 도넛을 많은 사람이 맛볼 수 있게 하겠다던 초심도 잊은 듯했어요.

"예전처럼 많은 도넛을 만들지 않아도 되니 덜 힘들고 아침에 줄 서는 사람도 없으니 이제는 좀 천천히 문을 열자고."

남편이 말했어요.

"재료 가격은 내렸지만 도넛 가격은 그대로니 우리에게 남는 돈은 더 많아졌어."

아내가 거들었어요.

"이제 시장도 매일 가지 말고, 적당한 재료를 보내 달라고 하자. 이제 좀 즐기면서 살자고."

남편은 웃으면서 말했어요.

초코 퐁당 도넛 가게는 이제 더 이상 처음의 그 가게가 아니

에요. 진열장의 도넛 종류도 줄어들고, 예전처럼 깔끔하지도 않
아요.

　그러던 어느 날 도넛 가게 주변에 컵케이크 가게가 문을 열었
어요. 색깔과 재료가 화려한 예쁜 컵케이크가 눈길을 끌었어요.
컵케이크를 맛본 손님들은 금방 그 맛에도 매료됐어요.

　"빵이 카스텔라처럼 부드럽고 정말 촉촉해. 이렇게 예쁜 컵케

컵케이크 1개 3,000원

이크는 처음 봐."

"크림을 취향에 따라 고를 수 있으니 정말 좋아."

"초코 컵케이크는 초콜릿과 호두 조각이 가득 뿌려져 있어서 식감이 정말 좋은걸."

"가격도 3천 원~4천 원이라니! 저렴한 가격에 한 끼 식사로 도 충분한 양이야."

이번엔 컵케이크 가게 앞에 줄이 길게 늘어졌어요.

컵케이크 가게 사장님은 이 동네에서 20년 넘게 빵집을 운영 했던 중년 부부예요. 이 부부는 이미 성실함으로 동네 사람들의 신뢰를 얻고 있었어요. 또 팔고 남은 빵은 식사를 거르는 어르 신들이나 어린이들에게 나눠주는 선행도 베풀고 있었어요.

사람들은 왜 빵집을 닫고 컵케이크 가게를 열었는지 궁금해

했어요.

"빵집이 너무 오래돼서 변화가 필요했어요. 그래서 요즘 젊은
이들이 좋아하는 것이 뭔지 열심히 연구했죠."

남편이 말했어요.

"그래도 저희가 제일 좋아하고 잘할 수 있는 것을 벗어날 순
없더라고요. 이미 빵집을 운영하면서 좋은 재료를 싸게 구할 수
있는 노하우가 있어서 가격도 적당하게 책정할 수 있었어요. 국

산 재료도 좋은 것이 얼마나 많다고요."

아내가 행복한 표정으로 말했어요.

손님들도 중년 부부를 응원했어요.

사람들은 이제 더 이상 도넛 가게를 찾지 않았어요. 도넛 가게 젊은 부부는 뒤늦게 후회하고 다시 매장과 가격을 정비했지만 이미 신뢰를 잃은 도넛 가게를 손님들은 다시 찾지 않았어요. 결국 도넛 가게는 문을 닫을 수밖에 없었어요.

나만의 도넛 가게 만들어보기

▶ 준비물 : 흰 클레이, 비즈, 물감, 붓, 물통, 색연필, 활동지,
앞치마, 페이크 머니

* 재료비 1,000원 내외

☐ 밀가루 반죽 한 덩이 500원

☐ 토핑 5개 200원

☐ 컬러 한 가지당 100원

1. 창업 구상하기 ☆☆

활동지를 통해 도넛 가게의 이름을 어떻게 정할지, 어떤 디자인의 도넛을 만들지, 재료비로 얼마나 쓸지, 어떤 재료를 살지, 얼마에 도넛을 팔지 구상합니다.

2. 엄마의 도매상점 준비하기 ☆☆

아이가 구상하는 동안 엄마는 베이커리 도매상을 열 준비를 합니다. 엄마도 마트처럼 물건을 진열하고 제품 가격을 책정합니다. 엄마도 엄마 상점의 이름을 지어주세요. 저는 저의 베이커리 도매상의 이름을 '플코 스토어'라고 지었습니다. 도넛의 흰 클레이는 500원, 비즈는 5개 100원, 물감 1컬러당 100원으로 가격을 책정했습니다.

3. 재료비 구매 예산 짜기 ☆☆

아이가 재료를 구입할 때 주의할 점은 약 1,500원 내외에서 재료비를 쓸 수 있도록 가격을 책정하는 것입니다. 판매 가격을 아이가 약 3,000원으로 책정했을 때 50% 이하의 비용만 사용할 수 있도록 유도해주세요. (놀이를 시작하기 전 주변 도넛 가게에 가서 도넛 한 개에 얼마나 파는지 가격을 살펴보면 좋습니다.)

4. 도매상에서 재료 구입하기 ☆☆

아이가 구상한 활동지의 내용에 따라 도매상에서 필요한 재료를 구입하고 페이크 머니로 직접 결제를 해봅니다.

5. 판매 도넛 만들기 ☆☆

아이가 구상한 것을 토대로 도넛을 만듭니다. 반죽으로 모양을 만들고 색깔을 칠하거나 토핑으로 꾸며 잘 팔릴만한 예쁘고 창의적인 도넛을 만들어봅니다.

6. 제품 판매해보기 ☆☆

도넛을 갖고 왜 이렇게 만들었는지 설명하고 손님인 엄마한테 왜 이 도넛을 사면 좋은지, 설득하는 방식으로 도넛을 팔아봅니다. 이때 엄마는 아이가 여러 가지 대답을 할 수 있도록 "어떤 재료가 들어있나요?" "왜 이름을 그렇게 지었나요?" 같은 질문을 해봅니다. 그리고 아이들이 예상할 수 없는 질문도 시도해보세요. "저는 크림은 싫어하는데요" "저는 초콜릿 알레르기가

있어요" "너무 비싼 것 같은데요" 등 아이와 다양한 대화를 시도
해보세요.

놀이를 통해 알 수 있는 경제 포인트 ◆ ────────

| 창업 과정 전반을 경험해요 |

동화를 읽고 직접 도넛을 만들고 판매하면서 창업 과정 전반을 경험합니다. 동화 속에서 도넛 가게 사장님들은 자신이 가장 좋아하는 것, 잘 만들 수 있는 것을 아이템으로 선정했습니다. 우여곡절이 많았지만, 자신이 좋아하는 것을 잘 만들고 싶다는 생각으로 힘든 일도 이겨낼 수 있었습니다. 오랫동안 즐겁게 일하려면 자신이 잘하고, 좋아하는 일을 선택하는 것이 중요하다고 아이에게 이야기해주세요. 그리고 가게 이름을 짓고, 제품을 구상하고, 재료를 준비하고, 제품을 만들고, 손님에게 파는 과정 등의 전반을 경험합니다. 놀이가 반복되면 아이들이 상점에서 무언가를 살 때 다른 사고로 접근할 수 있을 거예요.

| 자신이 표현하고 싶은 것을 축약해 표현해요 |

가게의 이름을 정하거나 도넛의 이름을 정할 때 자신이 표현하고 싶은 것을 언어로 또는 글로 표현하는 연습을 하게 됩니다. 또 왜 이런 이름을 지었는지, 왜 이 모양의 도넛을 만들었는지 아이에게 많이 질문해 주세요. 머릿속의 생각들을 표현하는 훈련이 됩니다. 또 다 만든 도넛을 파는 활동을 통해 제품을 판다는 것은 결국 사람의 마음을 사는 일이라는 것을 이해하게 될 겁니다. 이 활동을 한 이후에는 거리를 지날 때 상점들의 이름을 유심히 보게 될 수도 있습니다. 엄마가 먼저 가게 이름을 보고 이야기를 유도해도 좋습니다. "저 사장님은 왜 이렇게 이름을 지었을까?" "우와, 저 가게 이름 잘 지었다, 예쁘다" 등 아이들과 다양한 이야기를 시도해보세요.

| 기업의 목적과 운영을 이해해요 |

기업의 목적은 '이윤 추구'입니다. 이윤을 많이 남기려면 비용을 줄여야 하죠. 만약 아이가 도넛 가격을 약 3,500원으로 책정했다고 했을 때, 재료비로 1,500원을 썼다면 2,000원이 이윤이 되겠죠. 1,200원으로 비용을 줄였다면 이윤은 3,300원이 됩니다. 아이들과 이야기할 때는 이렇게 단순화시켜서 [판매가-비용=이윤]으로 설명하고 활동해도 무관합니다. 다만 비용에는 마트에서 산 원재료 가격뿐 아니라 인건비, 임대료, 세금 등 보이지 않는 항목들이 많이 숨어있습니다. 이윤을 많이 남기기 위해, 즉 판매량을 늘리고, 비용을 줄이기 위해 사장님들은 어떤 고민들을 해야 할까요? 아이와 함께 이야기해보세요.

| 소매와 도매의 개념도 알게 돼요 |

이번 놀이에서 최종 소비자는 엄마입니다. 도넛을 최종 소비자에게 파는 도넛 가게 사장님은 소매상인입니다. 플코 스토어

사장님은 소매상인에게 물건을 파는 도매상인입니다. 이 놀이에서는 사실 엄마가 최종 소비자도, 도매상인도 되는 것이죠. 보통 도매상인은 대량으로 판매하고 가격도 소매보다는 싸게 책정하죠. 이번 놀이에서는 아이가 도넛을 하나만 만들 경우 대량 판매를 할 수 없을 수도 있지만, 아이들이 재미있어하면 도넛을 몇 개씩 만드느라 재료도 많이 사게 될 거예요. 그럴 때 소매상인은 "많이 샀으니깐 깎아 드릴게요"라면서 컬러 하나를 추가로 주기도 하고, 비즈를 좀 더 주기도 합니다. 어떤 아이는 "깎아주세요"라는 말을 할 수도 있어요. 가격을 협상하는 과정이죠. 가격 협상을 통해 기업이 비용을 낮출 수 있다면 기업의 이윤은 더 커지겠죠. 어떤 기업이든 원재료 가격을 낮추면 비용을 크게 낮출 수 있기 때문에 큰 기업일수록 '구매'를 전문으로 하는 '구매팀'이 따로 있다는 것도 재미있는 포인트입니다.

| 지식 재산에 대해 생각해 볼 수 있어요 |

눈에 보이는 물건을 사고파는 것뿐 아니라 '좋은 아이디어'도 사고팔 수 있어요. 플코 스토어에서는 밀가루 반죽 가격이 제일 비쌉니다. 일반적으로 밀가루는 그리 비싼 재료는 아닙니다. 하지만 플코 스토어에서는 밀가루와 버터, 계란, 물, 소금이 황금 비율로 배합된 반죽을 상대적으로 비싼 가격에 판매해요. 플코 스토어 사장님은 쫄깃쫄깃하면서도 겉은 바삭하고 속은 촉촉한 도넛을 만들기 위해 여러 번의 실패 과정을 통해 황금비율을 발견했어요. 경쟁자들이 쉽게 따라 할 수 없는 비법이 포함된 반죽이기 때문에 가격이 상대적으로 비쌉니다. 바로 지식 재산 가격이죠. 아이들에게 사람들이 따라 하지 못하는 좋은 아이디어가 있다면 그것도 돈으로 팔 수 있다는 이야기도 꼭 해주세요.

추위가 싫은 북극곰 '폴라 베어'

글 By plco
그림 By namoo

"으으으~~ 추워~."

폴라는 빙하가 많은 북극 지역에 사는 곰이에요.

추운 지역에서 태어나 사는 곰인데도 폴라는 여느 곰들보다 추위를 많이 탔어요.

친구들은 얼음 위에서 스케이트도 즐기고, 바다로 풍덩 빠져 들어서 수영하는 걸 좋아했지만 폴라는 이불을 꽁꽁 싸매고 이 글루 안에서 나오질 않았어요.

"나는 집이 제일 좋아! 밖은 너무 춥다고!!"

폴라는 창밖으로 신나게 뛰어노는 친구들을 보면서 이해가 안 간다는 표정을 지었어요.

폴라는 하루의 대부분을 이글루 안에서 보냈어요.

특히 벽난로에서 갓구운 달콤한 고구마와 따끈하게 데운 우
유를 먹는 시간을 제일 좋아했어요.

벽난로 앞 흔들의자에서 배가 부른 채 책을 읽다 보면 잠이
스르르 들고, 꾸벅꾸벅 졸다가 깨면 꿀잠을 잔 것처럼 몸이 개
운했어요.

"아함~ 잘 잤다! 정말 행복해!"

그런데 폴라에게는 요즘 한 가지 걱정이 생겼어요.

곧 아기를 낳을 시기가 다가오기 때문이에요.

요즘 폴라가 더더욱 밖에 나가기 싫은 이유는 배 속의 아기 때문에 몸이 무겁기 때문이기도 해요.

북극곰들은 2년에 한 번씩 산란기가 돌아와요.

산란기에 북극곰들은 눈에 구멍을 파고 그곳에 새끼를 낳아야 해요.

집 안은 너무 따뜻해서 갓 태어난 북극의 생명들에게는 위험할 수 있거든요.

그런데 폴라는 집 밖으로 나가는 것 자체가 큰 고민이었어요.

"몸에는 털이 있으니 그나마 참을 수 있는 정도지만 난 발이 시린 건 참을 수가 없어!!"

폴라는 아기곰들을 만날 생각에 행복했지만 눈밭으로 걸어가는 일도, 눈을 파서 구덩이를 만드는 일도, 차가운 눈밭에서 새끼들에게 젖을 주는 일도 걱정이었어요.

그도 그럴 것이 사실 폴라의 발바닥에는 털이 없어요.

보통 북극곰들은 발바닥에 털이 있어 발을 따뜻하게 보호해 주고, 또 미끄럼 방지를 위해 딱딱한 척구가 있어 얼음 위를 걷는 것에 불편함이 없지만 폴라의 발바닥에는 털도, 척구도 없어요.

그래서 빙하 위를 걸으려면 온몸에 힘을 주고 겨우 한 발 한 발 떼야 하는 정도였어요.

"아무래도 이번에는 신발을 사야겠어."

폴라가 결심한 듯 말했어요.

주로 집에서 생활하는 폴라는 신발을 살 일이 없었지만, 이번

에는 아기를 만나기 위해 꼭 신발을 구입하기로 했어요.

그런데 시장까지 신발을 사러 나가는 것도 폴라에게는 쉬운 일이 아니어서 신발가게 사장님께 전화해 집으로 신발을 몇 켤레 가져와 주기를 요청했어요.

다음 날, 사장님은 수레가 넘칠 정도로 한가득 신발 박스를
가지고 왔어요.

폴라의 이글루에는 폴라만을 위한 신발가게가 열렸어요. 신
발을 처음 사는 폴라는 첫 쇼핑에 아주 들떴어요.

사장님은 가져온 신발을 하나하나 보여주기 시작했어요. 첫
신발은 화려한 보석이 많이 달린 빨간 구두였어요.

"이 신발로 말할 것 같으면 지난 1년간 제가 아주 공들여 만

든 작품이라고 할 수 있습니다. 이 아름다운 보석들 좀 보세요.

저 지구 반대쪽 남극에만 있다는 화려한 보석들을 구해다가 제가 한 땀 한 땀 손으로 달았습니다.

특히 이 빨간 보석은 보는 각도에 따라 아주 오묘한 빛을 품어내죠."

폴라는 아름다운 구두를 보고 눈이 휘둥그레졌어요.

빨간 구두를 신은 폴라는 거울에 비친 자신이 정말 아름답게 보였어요.

왠지 우아한 드레스를 입으면 아름다운 춤이 절로 춰질 것 같았어요.

폴라는 빨간 구두가 사고 싶어졌어요.

그때 사장님은 다른 신발도 꺼내놨어요.

이번엔 샌들이었어요.

"이 신발로 말할 것 같으면 신은 듯 안 신은 듯 아주 가볍고, 편하고, 시원한 신발입니다.

물에 신고 들어가 수영해도 안 벗겨지고, 들어갔다 나와도 금방 물기가 마르기 때문에 물놀이 갈 때 꼭 챙겨야 하는 필수품이지요.

게다가 바닥에 미끄럼 방지가 돼 있어서 자주 넘어지는 곰들에게 아주 유용하지요.

집에서 실내화로도 이용하는 곰들도 많답니다!"

폴라는 샌들도 아주 맘에 들었어요. 특히 미끄럼 방지가 된다는 점과 실내화로도 이용할 수 있다는 점이 좋았어요.

폴라는 샌들도 사고 싶어졌어요. 사장님은 폴라의 표정을 보고 신이 나서 또 다른 신발을 꺼냈어요.

이번에는 장화였어요.

"이 신발로 말할 것 같으면 아주 탄탄하지만, 예쁜 노란색 고무로 뽑아낸 장화입니다.

빙하가 자주 녹아서 물웅덩이가 많이 생기는 요즘 같은 때 특히 필요한 신발이지요.

이 신발을 신고 돌아다니면 언제든지 뽀송뽀송한 털을 유지할 수 있어요.

특히 이 신발 바닥 좀 보세요. 이렇게 딱딱하고 거칠거칠하게 만들었으니 미끄러질 일도 없겠죠."

폴라는 장화에도 관심이 쏠렸지만 순간 갑자기 정신이 번쩍

들었어요.

'아, 나는 지금 아기를 낳으러 갈 때 필요한 신발이 필요하지.'

폴라는 들고 있던 노란 장화를 바닥으로 내려놓으면서 말했어요.

"사장님, 저는 추위를 많이 타서 아주 따뜻하고, 눈이나 빙하 위에서도 미끄럽지 않은 신발이 필요해요."

이번에는 달리기할 때 필요한 운동화를 보여주려던 사장님은 신발을 다시 박스에 집어넣으면서 말했어요.

"아, 진작 얘기하지 그러셨어요. 딱 맞는 신발이 있지요."

사장님은 아주 큰 상자에서 따뜻한 부츠를 꺼냈어요.

"이 신발은 안쪽에 아주 따뜻한 털이 가득하죠. 발을 집어넣으면 아주 포근한 이불에 들어간 느낌이 듭니다.

이 가죽끈으로 다리를 꽉 조이면 신발이 겉돌지 않고 발과 발목이 단단하게 고정됩니다.

바닥에는 딱딱하고 거친 고무가 붙어있어서 전혀 미끄럽지 않죠."

폴라는 부츠 안의 털을 만져보며 함박웃음을 지었어요.

"사장님, 이 신발이 저에게 딱 필요한 신발이에요!"

사장님은 폴라의 표정을 보면서 더 많은 자랑을 늘어놓기 시작했어요.

"정말 잘 선택하셨습니다. 이 털로 말할 것 같으면 제가 털이

부드러운 북극곰들을 손수 찾아다니며 미용 서비스를 해주고 한 올 한 올 뽑아온 소중한 털이라고 할 수 있죠.

이 가죽끈과 척구를 대신할 고무도 저 남극에서 장인들이 만든 것을 어렵게 공수해 온 것이죠."

사장님은 신발을 보며 뽐내듯 말했어요.

"저에게 딱 필요한 신발이네요. 그런데 사장님, 이 부츠는 얼마예요?"

폴라는 가격이 너무 비쌀까 봐 소심하고 작은 목소리로 말했어요.

"음…. 아무래도 털이나 가죽을 몹시 어렵게 구해왔기 때문에 값이 좀 나가긴 하죠. 하지만 마음에 드신다면 뭐 싸게 드리겠습니다."

사장님의 이야기에 폴라는 또 고민에 빠졌어요.

"사장님, 하지만 저는 이 부츠가 매일 필요하지는 않거든요.
아기를 낳으러 갈 때만 필요한데 너무 비싸면⋯."

폴라는 말끝을 흐렸어요.

폴라의 표정을 보고 사장님은 다른 박스 하나를 꺼냈어요.

그 안에는 폴라가 사려는 것과 똑같지만 약간 낡은 부츠가 들
어있었어요.

"그럼, 대여하는 방법도 있습니다. 잠깐 빌려드릴 수 있어요.

새 것 같진 않지만 기능에는 전혀 문제가 없답니다.

제가 아주 깨끗하게 세탁도 해놓았죠. 가격도 아주 저렴합니다."

사장님의 이야기에 폴라의 표정이 다시 밝아졌어요.

"아 그러면 저는 이 부츠를 대여하는 걸로 할게요.

사장님 덕분에 추위 걱정 없이 아기들을 만날 수 있을 것 같아요. 감사합니다."

마음이 놓인 폴라는 대여한 부츠를 옆에 두고 아기들을 만나는 행복한 생각을 하면서 벽난로 옆에서 또 꾸벅꾸벅 잠이 들었답니다.

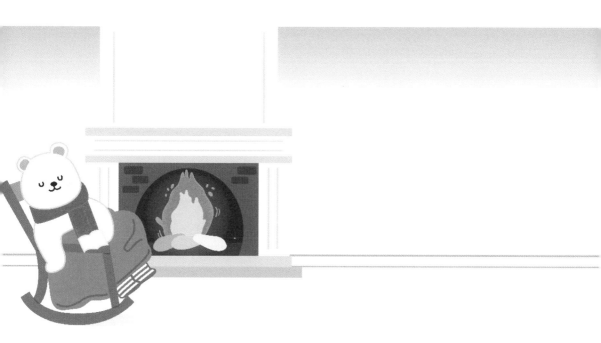

예산에 맞는 아빠 선물 사기

▶ 준비물 : 물건 가격을 검색할 수 있는 태블릿 또는 스마트
폰, 노트, 펜, 아이 연령에 맞는 예산

1. 소비 목적 세우기

먼저 아이에게 소비의 목적을 이야기해줍니다. "아빠의 생
일이 다가왔으니 아빠의 생일선물을 같이 검색해보고 사 보자"
"이웃의 고마운 분에게 마음을 전할 선물을 준비해보자" "ㅇㅇ
이가 좋아하는 친구를 위해 선물을 준비해보자" 등 상황에 맞는
소비의 목적을 명확히 설정합니다.

2. 목적에 맞는 제품 목록 적어보기

목적이 '아빠 선물'이라고 하면 당연히 '아빠가 좋아하는 것'
을 목록에 적어야겠죠? 아이들에게 "아빠가 어떤 선물을 받으
면 좋아할까?"라고 물어보면서 하나씩 목록을 적어 나갑니다.

3. 쓸 수 있는 예산 범위 정하기

아빠 선물을 사기 위해서 최대 얼마까지 쓸 수 있는지 엄마와 협의를 통해 정합니다. 아이가 모으던 용돈이 있다면 용돈 내에서 얼마나 지출할 수 있을지 이야기 나눠봅니다. 이때 앞서 배웠던 지출과 저축, 투자, 기부의 비율을 지키면서 용돈의 30% 내에서 예산을 짜면 복습도 할 수 있겠죠. 너무 큰 단위의 돈을 예산의 상단으로 정한다면 '예산 내에서 목적에 맞는 소비하기'라는 놀이의 목적을 벗어날 수도 있다는 점을 기억해주세요.

4. 선물 후보 가격 검색하기

앞서 적어 내려간 목록의 가격을 검색해봅니다. 예산을 적게 설정했다면 대체로 예산을 초과하는 제품 가격이 검색될 것입니다. 제가 아이들과 이 활동을 했을 때는 '구두, 옷, 핸드폰' 등의 답변이 나왔는데 대부분 갖고 있는 자금보다 더 높은 가격이었습니다. 웃픈 이야기지만 답변에 '담배'가 있었는데, 예산 안에 들어와 "담배는 건강에 안 좋으니 다른 것으로 생각해보자"라고 유도한 적이 있습니다.

여하튼 여러 가지 품목을 검색하면서 (예를 들어) 같은 구두인데 다 가격이 다른 점도 살펴보고, 디자인이 다른 것도 살펴보는 등 구경을 합니다. 판매처마다 가격이 다른 것에 대해서도 따져보고, 디자인이나 기능에 대해서도 상세 페이지를 보면서 어떤 물건이 적당한지 아이들과 논의의 과정을 거칩니다.

5. 소비 계획을 조정하기 ☆☆

사려고 했던 제품이 예산을 벗어난다면 다른 방법을 강구해봅니다. 목록을 변경할 수도 있고, 좀 더 저렴한 제품이 많이 있는 곳(다이소나 편의점)으로 가서 직접 보면서 그곳에서 아빠가 좋아할 만한 제품으로 선물을 변경한다거나 예산 안에서 소비할 방법을 강구합니다. 아이들이 잘 선택하지 못한다면 "편의점에 있는 것들 중 아빠가 좋아할 만한 것이 없을까?" 하고 유도합니다. 그러면 아이스크림, 컵 커피, 과자, 라면 등이 의견이 또 나올 수 있습니다. 요즘에는 편의점도 앱이 잘 돼 있어서 편의점 홈페이지에서 미리 가격을 검색해 살 수 있을지, 없을지 따져볼 수 있습니다.

6. 직접 구매해보기 ☆☆

목적에 맞는 구매를 할 수 있는 곳을 정했다면 직접 구매해봅니다. 인터넷으로 적당한 가격의 적당한 제품을 발견했다면 인터넷상에서 주문할 수도 있습니다. 하지만 직접 돈을 들고 가서 마트나 백화점, 편의점 등에서 소비를 완성하는 경험을 해보는 것을 추천합니다.

마트나 백화점, 편의점 같은 쇼핑센터라면 다른 제품들도 구경할 수 있어서 선물의 대안이 넓어질 수도 있고, 계획을 수정할 수도 있습니다.

실제로 구입하러 가보면 아이들은 아빠의 선물을 사러 갔다가도, 자기가 사고 싶은걸 사려고 할 수도 있습니다. 그런 경우 "목적에 맞는 소비일까?" 하고 물어봐 주세요. 아마 뭔가를 생각할 겁니다. 자기가 좋아하는 것을 아빠도 좋아한다고 말하며 자신의 주장대로 할 수도 있고, 어떤 아이들은 예산 내에서 자기가 사고 싶은 것과 아빠가 사고 싶은 것 두 개를 사기도 할 겁니다. 또 어떤 아이들은 자기가 사고 싶은 것을 꾹 참고 목적에 맞는 소비를 하기도 합니다. 어쨌든 예산 내에서 소비를 계획하고 직접 구매하는 과정에서 경제활동을 배우게 될 겁니다.

7. 편지에 선물 선택 과정 적어보기 ☆☆

소비까지 마쳤다면 이 활동 과정을 정리해서 적거나 말로 표현해 보는 것이 좋습니다. 저는 플레이코노미 활동이 끝난 이후에 아이가 자기의 경험을 정리해 표현하는 것을 중요하게 생각합니다. 아빠를 위해 어떤 선물을 준비했고, 이 선물을 준비한 이유는 무엇이며, 그 과정에서 어떤 생각들을 했는지 글로 쓰게 하고 아빠가 선물을 받고 어떤 기분이었으면 좋겠는지 등을 편지를 써서 아빠에게 선물해 보자고 유도해봅니다.

놀이를 통해 알 수 있는 경제 포인트 ◆ ─────────────

| 소비의 목적을 명확히 해요 |

아이들이 학교에서 끝나 학원 가기 전에 자주 편의점에 들르죠? 서점이나 마트에 갔을 때도 아이들은 특별한 목적 없이 뭔가를 사려고 합니다. 갖고 싶은 게 너무 많죠. 엄마도 백화점에 가면 사고 싶은 게 정말 많고, 참기가 힘든데 아이들은 얼마나 많은 것이 갖고 싶겠어요.

이제는 편의점이나 마트에 들어가기 전, 내가 지금 어떤 목적으로 어떤 물건을 사러 가는지 명확하게 하고 들어갈 수 있도록 엄마가 유도해주세요. 학원 가기 전에 '배고픔을 채우기' 위해 간식을 사러 가는 거라면 '배고픔을 채우기 좋은' 먹거리를 사는 것이 중요합니다. 그렇다면 사탕이나 젤리보다는 빵이나 우유 같은 제품에 손이 가겠죠.

하지만 학원 가기 전 '기분 전환을 위한 용도'라고 하면 젤리나 초콜릿을 사도 되겠죠. 물론 무엇을 사야 하는지는 정답이 없지만 목적에 맞는 소비인지 한 번 더 생각할 수 있다면 쓸데 없는 물건을 살 확률이 줄어들고 무엇보다 합리적인 소비 습관을 기를 수 있습니다.

| 예산에 맞는 지출을 해요 |

어려서부터 스스로 용돈 관리를 해 온 아이들은 부자가 될 확률이 높다고 합니다. 스스로 용돈을 받아서 얼마나 저축하고, 얼마나 써야 하는지 계획을 세워 두면 거기에 맞춰 행동하게 됩니다. 만약 한 달에 1만 원의 용돈을 받는 어린이라면 일단 1만 원 중에 3천 원은 저금을 하고, 3천 원은 투자를 위해 남겨두고, 1천 원을 기부에 할애한다면, 3천 원을 소비할 수 있다는 계획을 세우겠죠. 그럼 그 3천 원을 어떻게 써야 할지 또 생각하게 될 겁니다. 하지만 전혀 계획이 없다면 3천 원을 한번에 다 써버리는 것은 어렵지 않을 것입니다.

계획된 돈 안에서 소비하는 것은 국가가 나라의 재정을 운용할 때, 기업에서 사업 자금을 운용할 때, 가정에서 생활자금을 운용할 때 꼭 필요한 요소입니다. 쓸 곳은 많지만 돈이 한정돼 있기 때문에 어디에 쓰는 것이 제일 효율적인지 따져보는 거죠. 아이들도 용돈을 쓸 때 지출할 수 있는 자금이 얼마나 있는지 확인하고 그에 맞는 소비를 하도록 어렸을 때부터 습관을 들이면 커서도 예산을 잘 운용할 수 있을 것입니다.

| 기업은 소비자들이 돈을 많이 쓰게 하기 위해 광고 활동을 해요 |

판매자는 재화나 서비스를 파는 사람, 소비자는 재화나 서비스를 사는 사람을 말해요. 판매자는 재화나 서비스를 많이 팔아야 이익이 많이 남기 때문에 어떻게든 많이 팔기 위한 '홍보 활동'을 해요. 신발가게 사장님은 폴라가 제품을 사고 싶도록 하기 위해 신발을 하나하나 내놓을 때마다 제품의 원산지와 기술력에 대해 자랑하듯 늘어놓았어요. 기업들의 제품 홍보 방식 중 하나입니다. 그래야 소비자가 그 제품을 사고 싶다고 느낄 테니까요.

우리 주변에서도 광고 홍보 활동을 쉽게 찾을 수 있습니다. TV 광고뿐 아니라 전단 광고, 대중교통을 이용하면 곳곳에 붙어있는 광고판의 광고가 모두 재화나 서비스를 많이 팔기 위한 활동들이에요. 광고판이나 광고 내용을 보면서 어떤 제품을 광고하는 건지 아이들과 질문하고 답하는 시간을 가지면 판매자의 의도를 파악해보는 재미있는 시간이 될 거예요. 하지만 소비자들은 판매자들의 모든 유혹에 흔들려서는 안 돼요. 우리가 갖고 있는 돈은 한정적이기 때문이에요. 그래서 자기의 소비 목적을 분명히 하는 것이 중요합니다.

| 과소비를 하면 필요한 곳에 쓸 돈이 줄어들어요 |

만약 폴라가 신발가게 아저씨의 홍보에 빨간 구두도 사고, 장화도 샀다면 어떻게 될까요? 아마 아기를 낳아야 할 때쯤 진짜 필요한 부츠를 다시 사야 했을지도 몰라요. 그런데 그때 정작 부츠를 사려고 해도 돈이 부족할 수도 있어요. 만약 빨간 구두를 샀다면 밖으로 나가지 않는 폴라는 구두를 신을 일이 없어서 장식품처럼 집 안에 두고 있었을 수도 있어요. 신발을 샀지만 신발의 기능은 하지 못하는 거죠. 이렇게 자신의 수익 또는 자신의 능력보다 더 많은 소비를 하는 것을 과소비라고 해요. 과소비를 하게 되면 필요한 걸 사야 할 때 돈이 없을 수도 있기 때문에 주의해야 해요.

| 새것이 꼭 좋은 것만은 아니에요 |

폴라는 겨울 부츠를 살 수도 있었지만 대여하는 방법을 선택했어요. 폴라는 척구가 없는 장애를 갖고 있기 때문에 미끄럼 방지가 있는 겨울 부츠가 계속 필요할 수도 있지만 추위를 싫어하는 폴라는 아기를 낳을 때만 부츠를 잠깐 신고 그 이후에는 필요하지 않을 것으로 판단했어요. 이렇게 한두 번만 제품이 필요하다면 꼭 새것을 사는 것보다 빌리는 방법이 더 좋을 수도 있어요.

최근에는 아이들의 장난감이나 옷, 신발, 가방을 빌려주는 회사도 늘어나고 있어요. 그리고 물건을 많이 살 경우 버려지는 것들이 많아서 집 안에 쌓여 쓰레기로 전락하거나 결국 버려져서 환경을 오염시키는 요인으로 지적되고 있어요. 그래서 최근에는 사용했지만 아직 쓸 만한 제품은 가격을 낮춰 다시 판매하는 중고 거래가 늘어나고 있고, 백화점 같은 고급 쇼핑센터에서도 중고품 판매 사업을 확대하기도 해요.

| 원재료를 구하기 힘들수록 가격이 비싸져요 |

동화 속에서 신발가게 사장님은 대부분 재료를 아주 먼 곳에서 공수해서 직접 손으로 만들었어요. 빨간 구두의 경우, 북극의 사장님이 남극에만 있다는 화려한 보석들을 공수해 와 한 땀 한 땀 만들었다고 자랑했죠. 재료를 가까이서 구할 수 있다면 가격이 상대적으로 싸지만, 재료를 구하기가 어렵다면 그 재료를 구하는 데 많은 비용이 들기 때문에 제품 가격이 올라갈 수밖에 없어요.

그리고 큰 공장에서 대량생산한 제품보다 손으로 직접 만든 제품이 대체로 더 비싸요. 공장에서 만들어 마트나 편의점에 파는 과자는 상대적으로 싸지만 '수제'라고 붙은, 직접 손으로 만든 쿠키는 가격이 상대적으로 더 비쌀 수밖에 없어요. 대량생산한 경우에는 제품 하나를 만드는 데 비용이 덜 들고 대량으로 팔 수 있기 때문에 가격 경쟁력이 높아져요. 가격 경쟁력이란 재화나 서비스의 가격을 정할 때 경쟁사보다 더 싸게 팔아서 이익을 남기는 능력을 말해요.

| 제품을 맞춤형으로 추천해주는 '퍼스널쇼퍼'와 'AI 추천 서비스' |

이야기 속에서 폴라는 퍼스널쇼퍼 서비스를 이용했습니다. 오프라인 유통채널에서 선보이는 퍼스널쇼퍼는 판매자가 개인에 맞는 제품을 엄선해 선보이는 서비스를 말합니다. 대부분 돈이 많고, 많은 지출을 해줄 만한 VIP 고객들을 위한 서비스입니다. 파는 물건도 대부분 비싼 것들입니다.

동일한 형태의 서비스는 아니지만 최근에는 온라인 쇼핑몰에서 개개인에게 맞는 제품을 AI(인공지능)가 선별해서 보여주는 서비스를 제공하기도 합니다. 이 서비스는 대부분 무료로 이용할 수 있죠. 고객이 어떤 걸 사고 싶은지 알고 제안해주기 때문에 판매율을 높일 수 있어서 대형 이커머스에서는 대부분 AI 추천 서비스를 제공하고 있습니다.

쌓이고 쌓여

글·그림 by Pico

　처음엔… 아주 작고 어린싹에 불과했어.

　가지라고 하기엔 너무 얇고 무른 데다 잎도 몇 장 안 달려서 바람이라도 세게 부는 날에는 금방이라도 떨어져 나갈 것 같았지.

　우리 집에서 가장 작은 화분을 골랐는 데도 새싹은 혼자 덩그러니 외로울 것 같았어.

　내가 할 수 있는 일이라고는 햇빛이 잘 드는 곳에 화분을 두고 생각날 때마다 물을 주는 일뿐이었어.

처음엔 매일매일 물을 준 적도 있었어.

매일매일 들여다보고 아껴주면 새싹이 빨리 자라 빨리 커다란 나무가 될 줄 알았지.

그런데 하루에 몇 번씩 들여다보아도 싹은 내가 생각한 것만큼 빨리 자라지 않았어.

나는 실망이 컸지.

그래서 그 이후로는 새싹에 많은 관심을 두지 않기로 했어.
나는 평소처럼 학교에 가고, 숙제하고, 친구들이랑 열심히 뛰
어 놀았어.

　다만 내가 너무 관심을 주지 않으면 새싹이 병들어 버릴까 봐 매주 월요일에 학교에서 돌아오자마자 한 번씩만 물을 주기로 했지.

　그러다 이따금 내가 물을 마시다가 새싹도 목이 마를 것 같다는 생각이 들 때 마시다 남은 물을 화분에 부어줄 뿐이었지.

　그런데 어느 날 문득 화분을 바라보니 그 어리고 어리던 새싹이 제법 큰 나무가 되어 있던 거야.

　가지는 단단해졌고, 잎도 많아 풍성해졌어. 광활해 보였던 화분이 이제는 너무 작아 보였어.

　사실 나는 갑자기 나무가 된 새싹을 보고 조금은 깜짝 놀랐어.

　'빨리 자라길 애타게 바랄 때는 조금도 안 크는 것 같더니 내가 모르는 사이 이렇게나 많이 커버렸다니….'

그 이후로도 나는 늘 하던 대로 매주 월요일, 학교에서 돌아온 후 물을 주는 것을 멈추지 않았어.

그랬더니 어떤 계절에는 분홍꽃을 피우기도 했고, 어떤 계절에는 빨갛고 귀여운 열매가 달리기도 했어.

그런 것들을 보는 것이 나는 신기하고 즐거웠어.

엄마는 나무가 자랄 때마다 조금 더 큰 화분으로, 조금 더 큰 화분으로 옮겨 심다가 이번에는 화분이 아닌 마당 한쪽에 자리를 잡아 주었어.

터가 넓어지니 나무가 자라는 속도는 더더더 빨라졌어.

어느 순간 보니 나무는 내 키보다 훨씬 커졌고, 가지는 부러뜨릴 수도 없을 정도로 단단해졌어.

잎은 셀 수도 없이 많아서 나무 아래서 하늘을 올려다봐도 잎
사이로 햇빛이 전혀 보이지 않을 정도였어.

그동안 햇빛과 물과 거름이 매일매일 조금씩 쌓이고 쌓여 나무가 땅속에서 아주 단단하게 뿌리를 내리고 있었던 거야.

이제는 내가 물을 주지 않아도 나무는 스스로 잘 자랐어.

깊은 뿌리가 물과 영양분을 끌어다가 더욱더 단단한 가지와 풍성한 잎, 예쁜 꽃과 튼실한 열매를 만들어 냈어.

나도 작고 어린아이에 불과했어.

혼자 할 수 있는 건 많지 않았지.

밥을 먹는 일도, 옷을 입는 일도, 잠을 자는 일도 엄마의 도움 없이는 완벽히 해낼 수 없었어.

엄마는 나를 보면서 '언제나 다 키울까?' 하고 늘 생각했댔어.

그런데 어느 날 보니 내가 훌쩍 자라있었다고 말했어.

내가 새싹을 보면서 생각했던 것처럼 말이야.

이상한 건 엄마는 나한테 많은 걸 해주면서도 매일 나한테 "고맙다"고 말했어.

밥을 주고, 씻겨 주고, 빨래를 해주고, 방청소도 해주고, 학교에 갈 준비물을 챙겨주고, 매주 도서관에 같이 가고….

주고 주고 또 주는데도 엄마는 매일 나한테 "고맙다"고 말했어.

사실 진짜 고마운 건 나인데도 말이야.

처음엔 이상했지만 나는 나중에 깨달았지.

그 고마운 마음이 나한테 매일 조금씩 쌓이고 쌓여 내가 감사와 사랑으로 가득 찬 아이로 자랐다는 걸 말이야.

내 마음은 언제나 풍족했어.

실망하는 일이 생겨도 나는 금방 다시 일어났고, 누구에게나 감사할 줄 알고 친구들과도 아주 잘 지냈지.

오랜 시간 엄마한테 받은 따뜻한 마음들이 차곡차곡 쌓여서 내 마음속에 단단한 뿌리를 키워냈었나 봐.

어느 날, 엄마는 작은 새 화분을 들이셨어.

작고 여린 싹이 심겨 있는 그런 화분 말이야.

그런데 이번엔 엄마가 화분 모양의 저금통도 함께 사 오셨어.

"우리는 오늘부터 새로운 싹을 키울 거야.

지금까지 했던 것처럼 매주 월요일 학교가 끝나고 화분에 물을 주면 엄마가 그때마다 동전을 줄 거야.

그 동전을 이 저금통에 모아보자."

엄마가 말했어.

"그리고 이따금 삼촌이나 이모가 용돈을 주시면 그 돈도 이 저금통에 넣는 거야.

저금통이 다 채워지면 은행에 가서 통장을 만들자.

아마도 처음엔 저금통이 잘 안 채워져서 실망할지도 몰라. 그래도 꾸준히 하는 게 중요해.

우리가 새싹에게 꾸준히 물을 줬던 것처럼 말이야."

새싹을 키우는 것과 저금통에 동전을 넣는 일이 무슨 관계가 있는지 엄마의 말을 정확하게 이해할 순 없었지만 나는 알 수 있었어.

분명히 시간이 흐른 뒤엔 작은 것들이 쌓이고 쌓여 나를 지탱할 단단한 뿌리가 될 거라는 것을 말이야.

내가 새싹을 내 키보다 더 큰 나무로 키웠던 것처럼 엄마가 나를 사랑이 가득한 아이로 키웠던 것처럼 말이야.

플레이코노미

코인 물티슈로 저축과 투자하기

▶ 준비물 : 흰 코인 물티슈, 빨간색으로 칠한 코인 물티슈 10개, 접시 4~5개, 물약 소분통, 물감 또는 식용색소.

1. 저축 이해하기

먼저 아이들과 코인 물티슈를 위로 높게 쌓아봅니다. 저축하면 돈이 쌓이는 것을 눈으로 경험합니다. 쌓다 보면 잘 쓰러집

니다. 아이들에게 무너져도 괜찮으니 다시 쌓고 또다시 쌓아보라고 합니다. 저축은 무너졌다고 해도 중단하지 말고 꾸준히 계속하는 게 중요합니다. 몇 개까지 쌓을 수 있는지 세어 봅니다.

2. 분산 투자하기

이번엔 접시에 나눠서 쌓아봅니다. 5개의 접시에 코인을 5개 이상씩 쌓아봅니다. 아마 한곳에 한 번에 높이 쌓을 때보다 더 많은 개수를 쌓을 수 있을 겁니다. 다 쌓은 후 몇 개를 쌓았는지 세어봅니다.

3. 이자 이해하기

이번에는 아이에게 은행에 저금할 때 주는 '이자(빨강 코인)'를 준다고 합니다. 이자 지급 방법은 흰 코인 다섯 개를 쌓으면 빨강 코인 한 개를 주고, 그 위에 또 다섯 개의 흰 코인을 쌓으면 두 개를 줍니다. 만약 그 위로 또 다섯 개를 더 쌓으면 네 개를 줍니다. 그리고 총 몇 개를 쌓았는지 세어봅니다. 흰 코인과 빨강 코인을 나눠서 세어봅니다. 만약 흰 코인이 15개, 빨강 코인이 7개라고 하면, 총 22개의 코인이 될 테지요. 집에 있는 저금통에 돈을 저금하면 시간이 지나도 15개의 코인만 남아있겠지만 은행에 저금

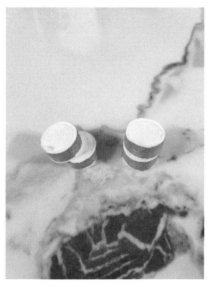

하면 '이자'라는 것이 붙어서 총 22개의 코인이 된다 것을 경험하
면서 아이들에게 금융기관 저축의 중요성을 알려주세요.

4. 투자 이해하기 ☆☆

이번에는 투자의 개념을 알아봅니다. 은행에서 받은 이자(빨
강 코인) 한 개에 투자용 컬러 물통 한 개를 살 수 있다고 규칙을
정해둡니다. 벌어들인 이자로 재투자하는 개념입니다. 컬러 용
액을 코인 물티슈에 뿌리면 코인 물티슈가 불어납니다. 신중하
게 투자하면 물티슈가 불어나면서 자산이 불어납니다. 색깔을

여러 개를 써서 다양한 컬러를 활용하면 흰 코인이 다양한 색깔로 물듭니다. 어디에 투자하냐에 따라서 나의 자산이 달라지겠죠. 다만 중요한 것이 있습니다. 신중하지 않고 물을 막 들이부으면, 즉 투자를 신중하게 하지 않으면 쌓아 놓은 코인은 불어나면서 결국 쓰러지게 될 겁니다. 투자는 경제 상황을 감안해 신중하게 하는 것이 중요합니다. 아이와 이런 대화를 나누면서 즐겁게 활동해보세요.

놀이를 통해 알 수 있는 경제 포인트 ◆ ────────

| 은행에 저축하면 이자를 받을 수 있어요 |

저금통에 돈을 모으면 내가 모은 것 이상으로 돈이 불어나지 않죠. 하지만 은행에 저축하면 내가 모은 돈에 이자를 더해서 돌려받을 수 있습니다. 은행이 이자를 주는 이유는 우리가 저금한 돈을 다른 사람에게 빌려주기 때문입니다. 은행은 고객의 돈을 맡아주기도 하지만 고객에게 대출도 해줍니다. 대출은 돈을 빌리는 것을 말하죠. 대출을 받을 때는 이자를 은행에 내야 하는데 저축할 때 받는 이자보다 대출할 때 내야 하는 이자가 더 커요. 은행은 대출해주고 받은 이자에서 예금한 사람들에게 주는 이자를 뺀 돈으로 수익을 냅니다.

| 이자율은 경제 상황에 따라 달라져요 |

이자율은 한국은행이 정하는 기준금리에 따라서 변합니다. 한국은행의 기준금리는 지난 2019년 발생한 코로나 때문에 사상 최저치까지 하락했어요. 당시 사람들은 코로나 전염성 때문에 식당에서 밥을 먹을 수도, 여행을 갈 수도 없었어요. 사람들이 돈을 쓰지 못하니 장사하는 자영업자들은 갑자기 수입이 줄어들고, 돈을 벌지 못하면 함께 일하던 직원들을 해고해야 하죠. 해고된 직원들은 월급을 받지 못하니 쓸 돈이 없어지는 악

순환이 생겨요. 이렇게 경기 상황이 안 좋아지자 한국은행은 2020년에 기준금리를 0.5%까지 내린 적이 있었어요.

한국은행이 금리를 낮추면 사람들은 이자를 내야 하는 부담이 크지 않아서 상대적으로 돈을 더 빌릴 수 있어요. 돈이 생기면 소비가 늘어나고, 장사가 잘되면 기업들은 다시 직원을 뽑을 수 있겠죠. 직원들은 다시 월급을 받으니 소비가 늘어나는 좋은 순환이 나타날 수 있습니다. 이렇게 한국은행은 경제 상황에 따라 기준금리를 조절합니다. 기준금리가 내려가면 대출받을 때 내야 하는 이자도 줄어들지만, 우리가 은행에 예금했을 때 받을 수 있는 이자도 줄어듭니다.

반대로 경기 상황이 다시 좋아지면 한국은행은 다시 금리를 올립니다. 만약에 경제 상황이 좋아졌는데도 금리를 올리지 않으면 시중에 돈이 많아 화폐의 가치는 떨어지고, 물가가 계속 오르는 '인플레이션(inflation)' 현상이 나타나기 때문이에요. 이런 상황이 심각해지면 앞서 언급했던 아르헨티나의 상황처럼 돈을 가지고 도배하거나 공예품을 만드는 상황이 될 수도 있어요. 이를 방지하기 위해 한국은행은 2023년 기준금리를 3.5%로 올렸어요. 이자 부담이 커진 사람들은 빌린 돈을 다시 갚을 수밖에 없는 상황이 됐습니다. 그러면 시중의 통화량이 줄어들어 인플레이션을 어느 정도 억제할 수 있어요. 다만 기준금리가 오르면 대출을 받은 사람이 내는 이자뿐 아니라 예금을 한 사람이 받을 수 있는 금리도 덩달아 올라갑니다.

| 예금 금리가 낮으면 주식시장으로 돈이 몰려요 |

우리가 경제를 공부하는 이유는 한정된 재화로 가장 최대한의 이익을 얻기 위해서죠. 개인의 성향에 따라 다르지만 우리가 경제에 관심이 있다면 금리가 낮을 때는 예금보다는 주식시장으로 눈을 돌리는 선택을 할 수 있습니다. 만약 현금 100만 원을 1년간 은행에 예치한다고 했을 때 연리 1%를 적용한다고 하면 이자는 1만 원이 됩니다. 하지만 이자에 대한 세금 15.4%를 떼면 1년간 이자로 8,460원을 받는 것입니다. 100만 원을 운용한다고 했을 때 가장 현명한 선택이었을까요?

따라서 사람들은 기대수익률이 더 높은 곳으로 이동합니다. 그 대안 중 하나가 주식이에요. 주식을 사려는 사람들이 많아지고, 돈이 몰리니 주식 가격은 더 높아집니다. 그래서 지난 2020년 기준금리가 0.5% 수준으로 떨어졌을 때 우리 코스피는 사상 최대치인 3천 선을 넘어섰어요. 2020년 한 해 동안 코스피 상승률은 30.75%를 기록했어요.

| 분산 투자하면 위험을 더 줄일 수 있어요 |

'분산투자'의 중요성을 강조할 때 우리는 "달걀을 한 바구니에 담으면 안 된다"라는 비유를 씁니다. 한 바구니에 가득 담으면 달걀이 깨지기 쉬운 데다 그 안의 계란들이 모두 깨져버리면 다시 그만큼의 계란을 담기 위해 처음부터 다시 시작해야 하는 어려움이 있습니다. 여러 바구니에 나눠 담으면 어떨까요? 한 바구니에 담는 것보다 더 많이 담을 수 있고, 어느 한 바구니가 설령 망가져 그 바구니 속 달걀이 모두 깨지더라도 다른 바구니 속 달걀은 안전하기 때문에 0의 상태에서 다시 시작하지 않아도 됩니다. 심리적으로도 안정감을 가질 수도 있죠. 우리가 저축이나 투자를 할 때도 위험을 분산하는 것이 중요합니다.

저축에 일부, 투자에 일부 자산을 분산하는 것도 중요하지만 저축 내에서도 자유저축, 정기예금, 적금 중에서 자기에게 맞는 상품에 분산투자 할 수 있습니다. 자유저축은 언제든지 꺼내 쓸 수 있고, 정기예금은 목돈을 일정 기간 묶어 두어야 하지만 이자는 자유저축에 비해 높은 편입니다. 적금은 매달 또는 매주 정해진 때에 돈을 입금하는 방식이니 목돈을 넣어두지 않아도 됩니다.

투자도 마찬가지입니다. 위험이 높은 자산에 한꺼번에 투자하지 말고, 기대 수익률이 낮아도 원금 손실 위험도가 낮은 자산에 일부 투자하고, 일부는 상대적으로 위험이 높지만 기대 수익률도 높은 곳에 분산투자 하면 경제 상황이 악화되도 어느 정도 서로 보완하는 역할을 해 줄 것입니다. 또 환율에 대한 경제 지식이 있다면 원화 자산뿐 아니라 상대적으로 안전한 달러 자산에도 분산투자 하는 선택을 할 수도 있습니다.

| 이자에 이자가 더해지면 큰돈이 만들어져요 |

'복리'란 이자에 이자가 더해진다는 의미입니다. 만약 아이에게 매월 30만 원씩 4%짜리 적금을 30년 동안 넣어준다고 할 때 단리로 적용하면 세후 수령액은 1억 6,297만 3,080원이 됩니다. 하지만 복리를 적용하면 같은 돈을 저축했다고 하더라도 3천만 원을 더 돌려받을 수 있습니다. 원금에 이자가 붙어 원금이 커진 상태에서 또 이자가 붙기 때문이죠.

30년 적금 단리와 복리 비교

〈단리〉매월 30만 원 / 4% 적용

원금합계	108,000,000원
세전이자	64,980,000원
이자과세(15.4%)	-10,006,920원
세후 수령액	162,973,080원

〈복리〉매월 30만 원 / 4% 적용

원금합계	108,000,000원
세전이자	100,908,871원
이자과세(15.4%)	-15,539,966원
세후 수령액	193,368,905원

(네이버 이자 계산기)

원금의 크기가 클수록, 기간이 길수록, 비과세일수록 수령액은 더 많아집니다. 그러니 우리가 경제와 금융을 알면 같은 자원으로 다른 선택을 할 수 있습니다. 특히 연금의 경우에는 비과세가 적용되기 때문에 최근 어떤 부모들은 아이들의 이름으로 연금을 들기도 합니다.

다만 연금에 투자할 경우 상품에 따라 중간에 큰돈이 필요해 인출하면 손해가 크다는 점을 염두에 두어야 합니다. 그 점을 감안해서 월급의 적은 금액이라도 '소비한듯' '버리듯' 투자하면 50년이 지난 후에는 상상하지 못한 큰돈이 돼 있을 것입니다. 자금의 성격에 따라 최장기, 장기, 중기, 단기로 계획을 세워 서로 다른 방식으로 투자하면 아이가 어른이 됐을 때는 아주 큰 차이를 만들어 낼 수 있습니다.

오르골 상점

글·그림 By pico

    어느 마을에 기이하고 신비로운 모습의 외관을 한 건물이 있었어요. 건물 1층에는 여러 개의 문이 있었지만 어디로 들어가야 하는지 알 수도 없을 만큼 특이한 건물이었어요. 그 건물 앞을 지나가는 사람들도 그곳이 어떤 곳인지 궁금해하긴 했지만 선뜻 문을 열고 들어가지는 못했어요.

    안에서는 사람들이 이야기하는 소리가 들렸고, 가끔은 아름다운 음악 소리도 들렸어요. 또 어떤 때는 탄식하는 소리가 나기도 했어요.

    가끔 문밖에서 틈 사이로 내부의 모습을 관찰하려는 사람도 보였고, 문에 귀를 가까이 대고 소리를 들으려는 사람도 있었어

요. 그런데 왜 그런지 사람들은 그 앞에서 오랫동안 머뭇거리기만 했어요.

설인이와 친구들은 학교에서 돌아와 집에 가는 길에 그 기이한 건물 앞에 모여 웅성거리는 사람들을 발견했어요. 사람들은 문 안에서 벌어지는 일들에 대해 아무 이야기나 늘어놨어요.

"저 안에는 무시무시한 초록 괴물이 산대! 함부로 들어갔다간 못 나올지도 몰라."

"아니야. 저 안에는 상상할 수 없을 만큼 많은 보물이 있다고 들었어."

　"저 안에는 우리가 상상하지 못할 물건들을 팔고 있다는 얘기
도 있어."

　어떤 사람은 두려움에 가득 찬 표정이었고, 어떤 사람은 궁금
해 죽겠다는 표정을 지었어요. 이야기가 꽤 오랜 시간 이어졌지
만 추측만 난무할 뿐 그 안에 뭐가 있는지 진짜로 아는 사람은
아무도 없었어요.

　그때였어요. 누군가 용기를 내 소리쳤어요.

　"우리 한번 문을 열고 들어가보자!"

　그 외침에 설인이와 친구들도 덩달아 용기가 생겼어요. 입구

처럼 생긴 문을 찾아 있는 힘껏 밀었어요. 의외로 문은 쉽게 열렸어요. 들어오지 못하게 막는 사람들도 딱히 없었어요. 함께 들어온 사람들은 처음에는 어리둥절했지만 이내 안정을 찾고 이곳저곳 찬찬히 둘러보기 시작했어요. 알고 보니 그곳은 오르골을 파는 시장이었어요.

갖가지 모양의 다양한 오르골이 시장 안에 가득했어요. 곳곳에 오르골을 파는 상인들의 모습도 보였어요. 어떤 상인은 먼지 한 톨도 허용하지 않겠다는 눈빛으로 아주 부드러운 깃털을 이용해 오르골의 작은 먼지를 조심스럽게 털어냈어요.

　어떤 상인은 오르골이 잘 보이도록 계단식으로 예쁘게 진열했어요. 또 어떤 상인은 아름다운 음악 소리가 멈추지 않도록 쉬지 않고 오르골의 태엽을 감았어요.

　정신없이 오르골을 구경하던 설인이와 친구들을 어떤 상점 앞에서 발길을 멈추었어요.

　아주 크고 화려한 스노우 볼 오르골이 친구들의 시선을 사로
잡았기 때문이에요. 아이들이 몰려들자, 상인은 스노우 볼을 두
손으로 번쩍 들어 거꾸로 뒤집어 흔들더니 다시 제자리에 조심
스럽게 내려놓았어요.

　그러자 유리 볼 안에선 미지의 세계가 펼쳐졌어요. 금빛의 화
려한 보석 가루가 아주 천천히 이곳저곳을 돌아다니며 마치 화
려한 조명을 켜놓은 도시처럼 아름답게 빛을 밝혔어요. 설인이
와 친구들은 금빛 보석 가루가 무겁게 가라앉을 때까지 아무 말
도 하지 않고 그 광경을 지켜보았어요.

　금빛 조명으로 반짝거리던 유리 볼 속 도시는 어느새 금빛 낙엽이 두껍게 깔린 고요한 도시로 변했어요. 설인이와 친구들은 그제야 화려한 조명이 걷힌 유리 볼 속 도시를 자세히 들여다볼 수 있었어요.

　그 안에는 하늘을 나는 자동차가 있었어요. 설인이는 언젠가 엄마한테 하늘을 나는 택시에 대해 들어본 적이 있었지만 상상했던 모습과는 조금 다른 모습이어서 눈을 동그랗게 뜨고 한참을 관찰했어요.

　아이들은 다른 유리 볼의 모습도 살펴보았어요. 어떤 유리 볼 안에는 한 알만 먹으면 병을 낫게 해주는 약이 들어있었고, 또 어떤 유리 볼 안에는 할머니와 재미있게 이야기를 나누는 로봇이 있었어요.

아이들이 오랫동안 머물렀던 오르골 가게는 계속 사람들로 북적였어요. 어떤 사람은 알약이 들어있는 작은 오르골을 여러 개 사기도 했고, 어떤 사람은 하늘을 나는 택시가 여러 대 들어 있는 아주 큰 오르골을 사기도 했어요. 아이들도 그 가게에 오 랫동안 머물면서 사람들의 모습을 구경했어요.

어느 정도 시간이 지나자 아주 한산한 가게도 눈에 들어왔어 요. 그 가게의 오르골을 둘러보는 사람은 거의 없었어요. 연세 가 지긋한 가게 사장님도 오르골 판매에 크게 관심이 없다는 듯 이 꾸벅꾸벅 졸고 있었어요. 오르골에서 아름다운 음악도 흘러 나오지 않았고, 인형들은 전혀 움직이지 않은 채 먼지가 가득 쌓여 있었어요. 매대에는 '세일'이라고 적힌 문구가 있었지만 관 심을 갖는 사람은 별로 없었어요.

설인이와 친구들이 세일 오르골에 관심을 보이자 사장님은 귀찮은 듯 눈을 비비며 일어나 스노우 볼을 한번 들었다 놓았어 요. 유리 볼 안의 반짝이들은 잠깐 움직이는 듯하더니 아주 빠 르게 가라앉아 버렸어요. 반짝이들이 가라앉은 다음 보이는 광 경은 정말 충격적이었어요.

공장에서 더러운 물을 흘려보내 점점 물이 검은색으로 변하

고 있었기 때문이에요. 옆 가게에서 봤던 것처럼 아름다운 미래
의 도시를 기대했던 아이들은 깜짝 놀랐어요. 그 옆에 석탄 광
산이 보이는 오르골은 90%나 세일을 하고 있었지만 아이들도
별로 사고 싶지 않았어요. 사장님은 석탄 광산 오르골의 태엽을
감았다 내려놓았지만 약간 음침한 음악 소리가 흘러나왔어요.

　아이들은 궁금했어요. 그래서 할아버지 사장님에게 조심스럽
게 물었어요.

　"사장님, 이 오르골들은 이렇게 싼데 왜 아무도 사 가지 않아
요? 사장님은 왜 이런 오래된 제품만 팔고 있는 거예요?"

　사장님은 잠시 생각에 잠겼다 이야기를 꺼냈어요.

　"이 오르골들은 내가 아주 젊었을 때 샀던 것들이야. 내가 젊을 때는 이런 오르골들이 아주 인기가 많았어. 한때 내가 산 가격보다 아주 비싸게 팔리기도 했지. 하지만 새로운 오르골들이 등장하면서 이제는 사람들의 관심에서 멀어졌지."

　사장님은 체념한 듯한 표정으로 이야기를 이어갔어요.

　"저기 화려한 오르골을 파는 상인들은 지금 가격보다 쌀 때 오르골을 모은 사람들이야. 오르골 가격이 오를 것이라는 걸 어느 정도 예상했던 것 같아."

할아버지 사장님은 고개를 떨궜다가 다시 아이들의 눈을 마
추치며 말을 이었어요.

"얘들아, 지금 너희가 경험하고 있는 것들은 너희가 어른이
되면 많이 달라질 수도 있단다. 새로운 것들이 생기면 아예 없
어질 수도 있지. 나는 공중전화라는 걸 사용했단다. 너희는 그
게 뭔지도 모를 거야. 스마트폰이 나오면서 거의 다 사라졌지.
예전엔 개울가에 손을 담가 물을 떠 마셨는데 지금은 정수기를
사용하니 참 신기할 노릇이야…. 너희가 어른이 되면 어떤 것들
이 사라지고 어떤 것들이 새로 생길지 나는 잘 모르지만… 어쨌
든 너희들은 나처럼 이렇게 옛날 것만 모으고 있지 말거라."

　설인이와 아이들은 조금 슬픈 생각이 들어서 아무 말도 하지 못했어요.

　아이들의 표정을 보고 사장님은 다시 표정을 가다듬었어요.

　"그래도 나는 괜찮다. 나는 그래도 이 오르골 시장에서 이렇게 아직도 장사하고 있잖니! 처음에 나도 너희가 밀고 들어온 그 큰 문을 열기 전까지 두려움이 컸어. 들어오고 나서는 여러 우여곡절을 겪었지만 나는 문밖에서 아직도 두려워서 문을 열지 못하는 사람들보다는 내가 낫다고 생각한다."

아이들은 그제야 표정이 밝아졌어요.

"너희들은 저 문을 열고 여기에 들어올 용기를 내었다니, 아주 훌륭하구나! 많이 구경하고 살펴보고 꼭 너희에게 맞는 오르골을 선택하거라."

"네~!"

아이들은 큰 소리로 대답하고 또 다른 오르골을 구경하러 떠났답니다.

플레이코노미

주식 오르골 만들기

▶ 준비물 : 스노우 볼 DIY 키트, 글리세린, 반짝이, 글루건,
종이, 코팅지, 색연필, 가위

1. 미래 사회에 잘 팔릴 제품 상상하기 ☆☆

먼저 A4 용지나 도화지에 미래에 인기를 끌 만한 제품들을 그
리고 색칠해봅니다. 동화 속에 나온 제품도 좋고, 예를 들어 신

선한 공기 통조림이나 채식주의자들을 위한 콩고기, 두부 돈가스 같은 제품도 있습니다. 아니면 접었다 펼칠 수 있는 놀이기구, 캠핑장에 가져갈 수 있는 둘둘 마는 침대, 목욕을 안 해도 깨끗해지는 잠옷, 먹기만 하면 양치가 되는 사탕 같은 상상 속의 제품에 대해서 이야기해보아요. 꼭 제품이 아니라 서비스여도 좋습니다. 아이들이 상상의 나래를 펼칠 수 있게 이야기를 유도해주세요.

2. 제품을 그리고 색칠해서 자르기

상상 속 제품을 유리 볼 안에 들어갈 크기로 그리고 색칠해서 자릅니다. 그리고 물속에서도 종이가 젖지 않도록 키트 안에 동봉된 코팅지로 감쌉니다. 코팅지도 스노우 볼 안에 들어갈 수 있는 크기를 감안해 오브제 모양대로 잘라봅니다. 그리고 글루 건을 활용해 스노우 볼 하단에 붙여줍니다.

3. 반짝이는 액체 만들기 ☆☆

유리 볼 안에 물과 글리세린을 적절하게 섞고, 반짝이와 비즈도 섞습니다. 글리세린의 양이 많을수록 반짝이가 천천히 움직일 수 있으니 양을 적절히 조절해주세요.

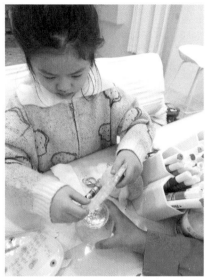

4. 유리 볼과 오르골 하단 결합하기 ☆☆

유리 볼의 액체가 쏟아지지 않도록 잘 들고 오브제들이 부착된 뚜껑을 결합해 액체가 흐르지 않도록 꽉 잠가줍니다.

놀이를 통해 알 수 있는 경제 포인트 ◆ —————————

| 우리도 기업의 주인이 될 수 있어요 |

주식회사는 투자자들의 자금으로 운영되는 회사입니다. 특정 회사의 주식을 사면 그 회사의 주인인 주주가 될 수 있어요. 하지만 회사 전체를 사기에는 돈이 너무 많이 듭니다. 그래서 회사를 잘게 쪼개서 살 수 있어요. 바로 주식시장에 상장된 회사의 주식을 사는 방식입니다. 주식 가격은 경제 상황에 따라, 또 회사가 장사를 잘하는지 못하는지에 따라 가격이 하루에도 몇 번씩 바뀌어요. 만약 가격이 상대적으로 쌀 때 주식을 샀다면, 가격이 오를 때 비싸게 팔아서 차액을 챙길 수도 있어요. 주식을 사면 그 회사의 주주가 되고, 배당을 받을 수도 있으며, 주요 의사결정을 할 때 의견을 제시할 수도 있어요.

| 미래에 필요한 제품이나 서비스를 만드는 회사에 투자해요 |

오르골 시장에서처럼 주식시장에서 인기 있는 회사는 앞으로 잘 팔릴 제품을 만드는 회사예요. 주식시장은 지금보다 미래를 전망하고 예측해서 가격이 평가돼요. 미래에 장사를 잘할 회사의 주식 가격은 오르고, 세상의 변화에 빠르게 대응하지 못하는 회사는 가격이 점점 내려가요. 할아버지 사장님이 파는 오르골 속에서는 환경오염을 유발하거나 현재는 사용량이 줄어든 석탄

206

을 생산하고 있었는데요. 그런 회사들의 제품은 사람들에게 외면 받아 주식도 잘 안 팔리기 때문에 회사의 가치나 주식의 가격도 점점 떨어져요.

| 과거와 현재, 미래 사회는 달라요 |

예전에는 전화기에 선이 달려있어야 통화가 가능했어요. 실로 연결된 종이컵 전화기처럼 선을 따라 신호가 전달되기 때문이에요. 하지만 선이 없이 신호가 전달되는 인터넷이 발달하면서 스마트폰이 생기고, 이동하면서도 유튜브를 볼 수 있게 됐어요. 그러면서 영화나 애니메이션을 만드는 회사도 크게 성장했어요.

예전에는 사진을 찍으려면 카메라도 있어야 했고, 사진을 인화하기 위해선 필름도 필요했지만 지금은 스마트폰 안에 모두 기능이 들어가 있어서 카메라와 필름 회사들이 많이 사라졌어요. 우리 아이들이 어른이 됐을 때는 어떻게 세상이 변할까요? 어떤 제품이 생겨나고 어떤 제품이 사라질까요? 아이들과 함께 이야기해보세요. 분명한 것은 환경을 해치는 회사나 세상의 변화를 빨리 잡지 못하는 회사는 사람들에게 외면받을 거예요. 우리가 주식 투자자라면 그런 회사는 투자 대상에서 제외시켜 기대수익률을 높일 수 있어요.

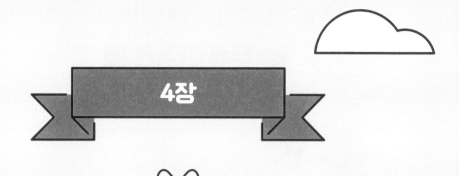

4장

생각이 자라는
일상 속 경제 대화

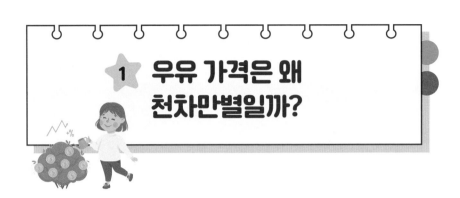

우유 가격은 왜 천차만별일까?

우유 가격이 오르는 이유는?

우유의 소재가 되는 원유 가격은 매년 오릅니다. 농가와 우유 업체들은 원유 가격을 매년 협상하는데요. 2023년의 경우 코로나를 겪은 후 인건비나 사료비가 크게 오른 상태여서 우유 가격 협상이 난항을 겪었습니다. 비용이 올라서 가격을 크게 올려야 하는 농가와, 원유로 우유를 만들어 팔아야 하는 우유 업체, 물가를 안정시켜야 하는 정부 사이에서 의견차를 좁히는 게 쉽지 않기 때문이죠. 결국 오랜 협상의 시간 끝에 리터당 88원 인상하기로 결정됐습니다. 10년 만의 최대 인상폭입니다.

소비자들이 우유를 살 때 가격도 오를 수밖에 없었습니다. 우유업체들 입장에서는 원재료 가격도 올랐지만 인건비와 전기료 등 고정비도 크게 올랐기 때문이죠. 이제 1,000ml 우유 한 팩을 3천 원에 사야 하는 상황이 됐습니다. 일반 가계 소비자들도 그렇지만 우유를 이용해 제품을 만들어 파는 제과점이나 커피숍의 제품 가격도 모두 인상됐습니다.

이런 현상을 '밀크플레이션'이라고 해요. 우유(Milk)와 물가상승(Inflation)을 합성한 말이죠. 우유 가격 인상에 따라 이를 원재료로 하는 제품의 가격이 연쇄적으로 오르는 현상을 말합니다.

그 때문인지 우유 가격이 오르면 상대적으로 가격이 싼 유제품이 주목받습니다. 우유의 품질은 크게 차이가 없지만 마케팅 등 주요 비용을 줄이면 소비자 가격도 낮아질 수 있습니다.

우유 가격은 왜 다를까?

같은 우유라도 제조사별로 가격이 다릅니다. 회사마다 제품 하나를 만드는 데 드는 비용이 다르고 수익을 낼 수 있는 구조도 다르기 때문이죠. 또 제품마다 차별화가 필요하기도 해서 우유 업체들은 용량이나 패키징을 다르게 해서 가격을 달리하기도 합니다. 그래서 어떤 곳은 1,000ml짜리를 900ml로 바꿔서 가격을 낮춥니다. 소비자에게 가격은 물건을 선택할 때 아주 중요한 변수이니까요.

또 같은 제품이라도 마트에서 파느냐, 편의점에서 파느냐에 따라서 가격이 달라집니다. 대형마트는 물건을 공수해 올 때 편의점보다 훨씬 많은 양을 사 오기 때문에 상대적으로 가격 경쟁력[11]이 뛰어납니다. 그래서 소비자들한테 파는 가격도 낮출 수 있습니다.

그런데 대형마트 내에서도 상대적으로 가격이 더 싼 우유도 있습니다. 바로 PB 우유입니다. PB(private brand) 제품이란 유통업체가 자체적으로 만든 브랜드 제품을 말합니다. 유통과정을 줄이고, 따로 광고 마케팅을 하지 않아도 되니 가격이 싸질 수 있습니다.

2023년 10월 기준으로 직접 1,000ml 대표 PB 우유 가격을 조사해본 결과, 편의점에서 S 사의 우유를 사는 것보다 E 마트에서 N 브랜드(PB 제품) 우유를 사는 것이 45% 저렴한 것으로 나타났습니다. (900ml의 경우 1,000ml로 환산 후 계산)

1L 우유 한 팩 PB 상품 우유 가격(2023년 10월 기준)

E 편의점	C 편의점	G 편의점
2,400원 (1L)	2,500원 (1L)	2,600원(900ml)
L 마트	H 마트	E 마트
1,990원(930ml)	2,150원(900ml)	1,980원(900ml)

---

11 가격 경쟁력(價格競爭力) : 재화나 서비스의 거래 시장에서 서로 경쟁 관계에 있는 공급자가 가격을 수단으로 하여 상대편보다 이익을 더 얻는 능력.

아이들과 마트에 가서 가격을 살펴보고 PB 상품을 찾아봐요

아이들과 직접 마트에 가서 우유 제품과 가격을 살펴보면 이 내용을 직접 눈으로 보고 경험할 수 있습니다. 우리가 잘 알고 있는 서울우유, 매일우유, 맛있는우유GT, 아인슈타인 같은 브랜드가 각각 서울우유, 매일유업, 남양 같은 유업체가 만든 우유입니다. 그 외 동원 F&B, 파스퇴르, 빙그레 등 식품업체가 만든 우유도 있습니다. 상대적으로 소비자들에게 우유 브랜드로 인식이 잘 된 상품의 가격이 대체로 높습니다. 브랜드 파워가 떨어지는 제품들은 가격을 낮춰서라도 소비자의 선택을 받으려고 할 테니까요. 이들의 가격을 살펴보고 가격이 조금씩 차이가 나는 것만 봐도 아이들은 공부가 됩니다. "이게 더 비싸네, 이건 싸네, 이건 얼마구나…" 하면서 관찰하고 살펴봅니다.

1,000ml 우유뿐 아니라 작은 용량들도 살펴봅니다. 우유 종류가 이렇게 많다는 것도 새롭게 알게 될 겁니다. 딸기 우유, 초코 우유, 바나나 우유도 있겠죠. 흰 우유에 다른 맛을 섞는 작업이 들어간 '가공유'입니다. 흰 우유보다 더 많은 노동력이 들어갔기 때문에 가격은 상대적으로 비쌉니다.

'PB 상품 찾기' 게임도 해봅니다. 우유 업체의 브랜드가 아닌 유통업체 자체 브랜드 우유를 찾는 건데 어떤 마트에 갔느냐에 따라 이름이 다릅니다. 엄마가 미리 '○○마트 PB 우유 브랜드'를 검색해보고 가면 좋습니다. 그리고 또 가격을 살펴봅니다.

확실히 우유 업체의 우유보다 쌉니다.

이렇게 서로 다른 제품이 있고, 그 가격이 다르다는 것을 살펴보는 작업만 해도 아이들은 앞으로 엄마가 우유를 줄 때, 유치원이나 학교에서 우유가 나올 때, 편의점에서 음료를 살 때 어디 제품인지, 가격이 얼마인지 자세하게 보기 시작할 겁니다.

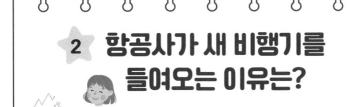

2 항공사가 새 비행기를 들여오는 이유는?

최근 항공사들은 새 비행기를 도입해요

지난 몇 년간 코로나를 겪으면서 우리는 자유롭게 해외여행을 가지 못했습니다. 비행기들은 공항에 그냥 서 있을 수밖에 없었고, 항공사의 직원들은 갑자기 직장을 잃었죠. 그리고 하늘 길이 열린 지 얼마 되지 않은 2023년 현재 항공사들은 다시 한 번 본격적인 비행을 준비하면서 비행기를 새것으로 교체하려는 움직임을 보입니다.

그 이유는 에너지 효율 때문입니다. 새 비행기들은 같은 거리를 가더라도 연료를 상대적으로 적게 쓸 수 있도록 설계됐습니다. 기술이 발전했기 때문에 가능한 일입니다. 지난 몇 년간 코로나로 각국의 제품들이 자유롭게 오가지 못하는 상황이 이어졌고, 경제 상황이 안 좋아지자 각국의 중앙은행이 금리를 낮춰 시중에 돈을 많이 풀었지만 제품의 이동이 자유롭지 못해 물가가 크게 올랐습니다.

기업들은 이윤을 많이 내려면 비용을 줄이는 일에 힘써야 합니다. 그래서 어떤 기업은 직원들을 해고하기도 하고, 마케팅 비용을 줄이고, 새 나가는 돈이 없는지 점검하죠. 항공사에 연료비는 큰 비용입니다. 따라서 새 비행기를 들여와서 연료비를 크게 줄일 수 있으면 이윤이 줄어드는 것을 막을 수 있겠죠.

연료 효율이 좋은 새 비행기들은 기존 비행기에 비해 최대 18% 가량 연료비를 절감할 수 있다고 합니다.

환경을 지키려는 노력도 필요해요

새 비행기는 연료를 적게 쓰는 만큼 환경오염을 덜 시키는 효과도 있습니다. 최근 기업에서 생산하는 제품들은 이산화탄소 배출을 줄이는 게 아주 중요합니다. 지구가 점점 뜨거워지고 있기 때문에 글로벌 국가들이 환경을 다시 살리기 위해 힘을 모으고 있습니다.

그 일환으로 투자 업계에서는 환경을 지키지 않는 기업에 투자하지 않는 분위기가 생겨났습니다. 그리고 미국의 경우에는 환경을 파괴하는 제품을 만드는 기업은 미국에 수출하지 못하도록 하는 규정까지 내세웠습니다. 기업들은 큰 시장인 미국에 제품을 팔기 위해서는 환경을 보호하는 규정을 지킬 수밖에 없는 상황이 됐습니다.

예전에 우리가 한참 발전 중인 나라였을 때는 환경오염을 시켜도 어느 정도 이해를 해줬습니다. 하지만 이제 우리나라도 눈부신 경제성장을 이루었기 때문에 환경 오염에 대해 엄격한 잣대를 들이대고 있습니다.

새로운 화두 ESG

ESG란 기업의 비재무적 요소인 환경(Environment)·사회(Social)·지배구조(Governance)를 축약해 놓은 말입니다. 기업들이 환경뿐 아니라 사회나 지배구조에 대해서도 신경을 써야한다는 말입니다. ESG 경영을 하지 않는 기업은 투자를 해주지 않겠다는, 투자 업계에서 시작된 말입니다.

쉽게 말하면 "'나쁜 기업'에는 투자하지 않겠다"는 뜻입니다. '사회' 분야에서는 이 기업이 사회에 긍정적인 영향을 미치는지의 여부를 평가합니다.

몇 년 전 가습기 살균제에 사람에게 유해한 원료를 써서 그 제품을 쓴 사람들이 끔찍한 호흡기 질환에 걸리는 사건이 발생했습니다. 그 제품을 쓴 후 여전히 힘든 생활을 하는 사람들이 많지만 기업은 책임을 회피하려는 모습을 보였습니다. 사람들은 그 회사에서 생산한 제품에 대해 거부감이 들 수밖에 없겠지요. 이런 기업들은 투자자들이 적극적으로 투자하지 않습니다.

소비자들에게 외면받는 기업들은 투자자들에게도 훌륭한 이익을 가져다주지 않기 때문입니다.

지배구조 부분도 중요성이 높아졌습니다. 예전에는 많은 투자자들의 자금으로 운영되는 회사를 주식을 가장 많이 소유한 최대주주가 자신의 회사처럼 마음대로 경영하는 경우가 있었습니다. 사람들은 그 회사의 주식을 갖고 있으면서도 '주주'로서의 역할을 제대로 하지 않았고, 그것을 당연하게 받아들이는 분위기도 있었습니다.

하지만 최근 들어 주주들이 자신들의 목소리를 내기 시작했고, 아무리 최대주주라도 회사 전체가 자신의 것인 양 운영하는 사람들을 감시하기 시작했습니다. 그런 회사들은 아무리 제품을 많이 팔아서 이익을 많이 내도 주식시장에서 제대로 된 평가를 받지 못하기 때문입니다. 따라서 주식시장에 상장된 회사들은 주주에게 배당으로 투자자금을 환원하고 지배구조를 투명하게 하기 위한 노력을 강화하고 있습니다.

이런 내용들을 배경으로 아이들과 착한 기업이 되려는 기업들의 노력에 대해서 좀 더 이야기를 이어 나갈 수 있습니다. 요즘 생수에 라벨을 없애는 것, 플라스틱 빨대를 제공하지 않는 것 등이 환경을 생각하는 기업들의 노력입니다.

우리가 환경을 위해 할 수 있는 것은 무엇일까요? 아이들과 다양하게 이야기해보세요.

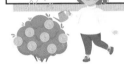

3 "엄마가 어렸을 때는 떡볶이 1인분이 100원이었어"

물가는 시간이 갈수록 오릅니다

어렸을 적 제가 살던 아파트 입구에 있던 포장마차 떡볶이집에서는 떡볶이 한 접시 가격이 100원이었습니다. 아주머니께서 초록색 분식 그릇에 비닐봉지를 씌워 떡볶이를 가득 담아주면 포장마차에 서서 이쑤시개로 찍어 먹는 방식이었는데, 매일 그곳을 그냥 지나치기 힘들었습니다.

1990년대 중반, 물가가 슬금슬금 오를 조짐이 보일 때였습니다. 늘 하던 대로 "아주머니, 떡볶이 100원어치 주세요"라고 했더니 "100원이 뭐야. 이제는 200원어치는 먹어야지"라고 했던 기억이 아직도 생생합니다.

이후 'IMF 시대'[12]가 시작되자 그 떡볶이 포장마차는 한동안 문을 열지 못했습니다. 그때는 그게 뭔지 잘 몰랐지만, 뉴스에서 떠들어 대는 것을 보고 '국가가 위기 상황이구나' 정로도만 당시에는 인식했었습니다. 다시 떡볶이집이 문을 열었을 때, 떡볶이 가격은 500원도 아니고 1,000원이 돼 있었습니다. 저는 당시 큰 충격을 받았습니다. '이제는 떡볶이를 못 먹겠구나…' 하는 생각이 들었습니다.

예전에 자장면도 1,000원에 먹었던 기억이 있습니다. 지금은 1만 원이 훌쩍 넘는 곳도 많습니다. 2000년 초반, 대학 등록금도 200만 원 정도였습니다. 그런데 지난 2022년 기준 4년제 대학교 등록금 평균은 676만 원[13]입니다. 이렇게 물가는 시간이 지날수록 오릅니다.

---

12 IMF(International Monetary Fund)란 국제통화기금을 말합니다. 파산에 이를 위험이 있는 국가에 자금을 투입해 다시 경제를 회복할 수 있도록 하는 펀드입니다. 성장기인 우리나라는 외국에서 과도하게 돈을 빌려 과감한 투자를 했지만, 경기침체로 빚을 갚지 못할 상황에 부닥치자 1997년 IMF가 우리나라에 자금을 투입했고, 그 대신 우리나라에 강도 높은 구조조정을 요구했습니다. 당시 큰 기업들이 사라지고 사람들은 일자리를 잃었습니다.

13 대학정보공시센터.

현금의 가치는 시간이 갈수록 떨어집니다

반면에 현금의 가치는 시간이 갈수록 떨어집니다. 10년 전과 지금을 비교하면 현금 1만 원으로 살 수 있는 것이 크게 차이가 납니다. 물가가 오르기 때문에 현금의 가치는 계속 떨어질 수밖에 없습니다.

이런 상황에 현금을 집에 모아두거나 은행에 예금만 한다면 어떨까요? 투자의 위험이 무서워서 현금으로 저축만 한다면 30년

서울 아파트값 대체로 弱保合勢

입력 1990.01.22. 오전 4:55 수정 2010.07.20. 오후 7:42

👍 공감 💬 댓글   🤖 🔊 까가 ↗ 🖨

(서울=聯合) 최근 서울시내 주요 공동주택 밀집지역의 아파트가 거래는 별로 없이 대체로 약보합세를 나타내고 있는 가운데 일부 아파트가격만이 약간의 상승세를 보이고 있다.

22일 건설부가 발표한 최근 주택가격동향에 따르면 특히 대단위 아파트지구인 서울 上溪동의 일부 아파트의 가격이 오른 것으로 나타났는데 住公 17평형이 지난해 11월10일의 3천2백만원에서 12월10일에는 3천만원으로 떨어졌다가 지난 20일에는 3천2백만원으로 다시 올랐다.

住公 31평형은 같은 날자 기준으로 7천5백만원에서 7천3백만원으로 떨어졌다가 다시 7천5백만원으로 올랐다.

쫜村동 동신아파트 46평형은 1억1천5백만원에서 1억1천만원으로 하락했다가 다시 1억1천3백만원으로 3백만원이 올랐으며 淸潭동 한양아파트 32평형은 1억1천2백만원선을 유지하다 지난 20일 1억1천5백만원으로 올랐다.

그러나 木洞 아파트 55평형은 2억7천만원선을 유지하다 지난 20일에는 2억6천만원으로 1천만원이 떨어졌다.

출처 : 연합뉴스, 1990년 1월

뒤에는 그 돈으로 할 수 있는 것이 별로 없을 수도 있습니다. 그 때문에 우리는 저축뿐 아니라 오를 만한 자산에 대한 '투자'에도 관심을 가져야 합니다.

실제로 1990년에는 1억 원 초반대 현금이 있으면 서울 청담동의 아파트를 살 수 있었습니다. 지금은 1억 원대로 서울 아파트 전세를 구하기도 힘듭니다. 30년이 지난 지금 청담동의 해당 아파트는 36억 원대로 36배 올랐습니다.

또 다른 자산인 금값을 살펴볼까요? 1990년대 금 한 돈 가격은 3만 원 후반에서 거래됐습니다. 2023년 11월 현재 금 한 돈 가격은 약 40만 원 위에서 거래되고 있습니다. 적어도 10배 이상 가격이 올랐죠.

(네이버 금 시세 정보)

이렇게 역사가, 수치가 말해주고 있는데도 우리 아이의 용돈을 30년간 저축만 하게 한다면 30년이나 모으고 아껴 쓴 돈으로 결국 제대로 할 수 있는 것이 많지 않을 수도 있습니다. 부모가 아이들에게 '투자'에 눈을 뜰 수 있도록 인도해야 하는 이유입니다.

월급 이외의 수익이 있다면 좀 더 풍요로운 삶을 살 수 있어요

아이들이 월급을 많이 받는 좋은 직장에 들어가면 된다고 생각하실 수도 있습니다. 엄마 아빠의 급여로 만족할 만한 생활을 할 수 있는 상황이라면 그렇게 생각할 확률이 더 높겠죠. 하지만 일반적으로 월급만으로 풍요로운 삶을 살기는 어렵습니다.

통계청에 따르면 한국 도시 가구의 월 실질소득은 1990년 210만 6,000원이었습니다. 2023년 기준 가구당 월 소득은 479만 3,000원으로 약 2.3배 올랐습니다. 여타 자산들이 10배 ~30배 이상 오르는 동안 근로소득은 두 배 오르는 수준이 그친 것입니다. 따라서 고연봉의 전문직이 아니라면 더더욱 금융소득을 늘리고자 노력해야 합니다.

현재 우리나라는 많은 자산이 부동산에 쏠려 있지만 많은 전문가들은 국내 자산 상당 부분이 부동산에 쏠려 있는 것에 대해 바람직하지 않다고 평가합니다. 앞으로 한국의 부동산 가격이 지난 과거 30년 동안 오른 속도만큼 빠르게 오를지에 대해서 의구심도 많습니다. 인구가 크게 줄어들었고, 인터넷으로 많은 것이 가능한 사회가 됐기 때문입니다.

금융 선진국인 미국의 경우 자산의 70%가 금융자산에 투자돼 있습니다. 우리나라의 두 배나 높은 수치입니다. 미국에서는 일찍부터 금융투자를 배우고, 실천합니다. 꾸준하고 장기적인 투자로 은퇴 이후에도 여행을 다니며 풍요로운 삶을 사는, 10억 원 이상 소유한 연금 부자들이 37만 명이나 됩니다. '꾸준히, 장기적으로' 투자하는 습관이 있다면 우리와 우리 아이들의 미래는 분명히 풍요로울 것입니다. 가랑비에 옷이 젖듯 아이들의 생각에 금융 사고를 조금씩 심어주는 것은 엄마 아빠의 중요한 역할입니다.

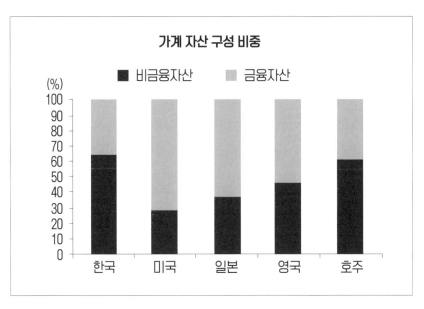

출처: 금융투자협회

저 광고는 무엇을 말하는 걸까?

사람의 마음을 흔드는 광고 문구

아이들과 광고 문구를 주제로 이야기하는 것은 기업의 마케팅에 대해 이해하면서 요즘 강조되고 있는 문해력을 키우는 데 아주 좋은 방법입니다.

예전에 "번호의 자부심이 다릅니다. 스피드 011"이라는 광고가 있었습니다. 지금은 휴대폰 번호의 시작이 010으로 통일됐지만 예전에는 011, 016, 017, 018, 019 이런 식으로 통신사마다 다른 시작 번호가 있었습니다. 011은 SK텔레콤의 번호였습니다. SK텔레콤은 "우리 회사의 통화 품질이 제일 좋아요"라고 말하는 대신 '자부심'이라는 단어를 활용해 사람들의 마음을 흔들었습니다. 011 번호를 쓰면 마치 우월감을 느낄 수 있는 것처

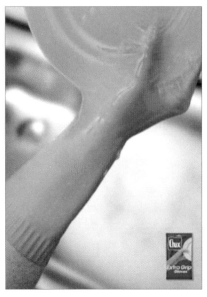

럼 인식하게 하고 011 번호를 쓰지 않는 사람은 약간의 부러움을 느낄 수 있도록 광고 문구를 제작한 것입니다.

그런데 사실 011, 016, 017 이런 번호는 통신사 소유의 번호가 아니라 정부가 통신 자원을 빌려준 것입니다. 해당 광고 이후 SK텔레콤의 점유율이 계속 높아지자, 정부의 자원을 기업이 자신의 것인 것처럼 소비자를 오해하게 했다는 지적이 나왔습니다. 따라서 정부는 2002년 말 '010 번호 통합정책'을 시행하게 됐습니다.

이렇게 광고의 힘은 때로는 정부의 정책을 바꿀 만큼 아주 큽니다. 제품을 판매하기 위해서 사람들이 제품을 사도록 설득해

야 하는데 공간이나 시간 제약이 있기 때문에 최대한 많은 사람들의 마음을 흔들 수 있느냐가 관건입니다.

13년째 배달앱 선두를 차지하는 '배달의민족'은 사업 초기 센스있는 문구를 활용한 광고로 사람들의 주목을 받았습니다. 배민이 지금의 월간 활성자 수 2천만 명에 달하는 규모 있는 기업으로 성장할 수 있었던 것은 사람들의 인식에 각인되는 광고의 역할도 컸습니다.

지하철이나 버스 광고판, 전단 등의 광고 문구를 보면서 뭘 팔려고 하는 것인지, 왜 이런 문구들을 썼는지에 대해서 아이들과 이야기해보면 창작자의 의도를 파악하는 문해력도 향상시킬 수 있습니다.

때로는 한 장의 사진으로 표현된 광고도 아주 강렬한 메시지를 남기기도 합니다. 아이들과 어떤 의미를 담고 있는지 이야기해보세요!

자기 생각을 축약해서 이야기하고 글로 또는 그림으로 표현하는 일은 꼭 제품을 팔 때뿐 아니라 사회에서 어떤 일을 하든 필요한 자질입니다. 어려서부터 아이들도 자신의 생각을 밖으로 자주 꺼내고 잘 표현할 수 있도록 부모가 유도해주세요. 아이들이 풍요로운 삶을 사는 데 분명 도움이 될 것입니다.

5 "너희가 어른이 됐을 때는 집에 TV가 사라질지도 몰라"

부의 상징이었던 TV

옛날에 TV는 부의 상징이었습니다. '김일'이라는 레슬링 선수의 경기가 있던 날이면 저희 엄마는 TV가 있는 집 친구에게 잘 보이려 무척이나 애를 썼다는 이야기를 어렸을 적 엄마에게 듣기도 했습니다.

하지만 지금은 집집마다 TV가 있습니다. 대량생산이 가능해지면서 가격이 낮아졌고, 기술의 개발이 더 작고, 얇고, 가벼운 TV를 만들어 냈습니다. 흑백이었던 TV는 컬러로 발전했고, 피부의 잡티까지 선명하게 보이는 정도가 됐습니다. 또 지금은 디스플레이를 접거나 둘둘 마는 게 가능해질 정도로 기술이 크게 발전했습니다. 따라서 기본 기능을 갖춘 TV들은 더 이상 부의 상징이 아닌 보급품이 됐습니다.

TV 시청자 수 감소와 산업의 변화

예전에는 시청률 50% 이상의 인기 있는 드라마가 방영되는 시간이면 거리가 한산할 정도였습니다. 그 프로그램이 방송되는 시간에 보지 않으면 내용을 알 길이 없어 다음날 사람들과의 대화도 힘들기 때문에 사람들은 인기 드라마를 보려고 집에 일찍 들어갔습니다.

지금은 어떤가요? 인터넷 스트리밍 서비스가 발달하면서 스마트폰으로, 태블릿으로, PC로 언제든지 보고 싶은 프로그램을 볼 수 있게 됐습니다. 그리고 이제는 TV에서 볼 수 없는 콘텐츠가 더 많아졌습니다. 유튜브, 넷플릭스, 디즈니 같은 플랫폼들이 양질의 콘텐츠를 쏟아내고 있기 때문입니다. 그 콘텐츠를 보기 위해 사람들은 기꺼이 돈을 지불합니다.

이렇게 세상이 바뀌니 TV를 기반으로 사업을 하던 기업들은 장사가 안 됩니다. 대표적인 분야가 바로 홈쇼핑입니다. 예전에는 TV를 보는 사람이 많았기 때문에 채널을 돌리다가 필요한 제품이 나오면 그 채널에 머물러 결국 제품 주문으로 이어지는 경우가 많았습니다. 하지만 지금은 TV를 보는 사람들이 줄어들다 보니 홈쇼핑 회사들은 고객들을 유인할 방법이 사라진 셈입니다. 모바일을 통한 쇼핑이나 여타 플랫폼을 활용한 라이브 방송 등으로 타개책을 찾으려고 하지만 쉽지 않아 보입니다.

반대로 TV 시청자 수가 줄어들면 어떤 산업이 커질까요? 콘텐츠를 송출할 창구가 많아졌기 때문에 콘텐츠 제작사들의 수가 많아지고, 관련 시장이 확대됩니다. TV 제조사들은 어떨까요? TV 본연의 기능 외에도 다양한 기술을 개발해 다른 이유로도 TV를 살 수 있도록 유도해야 합니다.

요즘 TV는 예술 작품을 스크린에 띄우는 방식으로 '인테리어 기능'을 추가하기도 했습니다. 물론 방송국에서 전파를 통해 송출되는 방식이 아니어도 여타 콘텐츠들은 스크린을 통해 볼 수밖에 없기 때문에 홈쇼핑 채널만큼 타격이 크진 않겠지만 태블릿이나 모바일 같은 대체제가 많아 TV 수요는 줄어들고 있습니다. 이렇게 생활의 변화를 보고 관련된 산업이 어떻게 변할지 생각해 본다면, 미래 세상의 변화에 꼭 필요한 직업을 선택하거나 성과가 좋은 투자를 하게 될 것입니다.

마치며

이 책은 '아이들이 어떻게 하면 어릴 때부터 돈과 친해지고, 경제적인 사고를 할 수 있을까?'라는 고민에서부터 시작됐습니다. 저의 두 딸이 경제를 재미있게 접근할 수 있었으면 좋겠다는 엄마의 마음으로 오랜 시간 고민했고, 실제로 제 딸을 비롯해 다양한 아이들과 수업을 진행해본 결과 아이들이 정말 즐거워한다는 것을 검증했습니다. 또 수업을 받은 이후 아이들은 자연스럽게 돈을 갖고 할 수 있는 놀이를 하게 되며 제품 가격에 관심을 갖게 된다는 것을 경험했습니다.

이 책의 주제들은 제가 13년 동안 경제 기자로 활동하면서 해당 분야의 전문가들을 다수 인터뷰하며 축적된 것 중에서 우리 아이들이 꼭 알아야 할 것들로 구성했습니다. 세상의 변화와 그에 이어지는 경제 현상, 돈의 흐름, 산업의 변화, 정부의 대응 등을 알고 있는지 여부는 아이의 미래를 바꿀 중요한 변수가 될 것입니다.

세상이 빠르게 변하기 때문에 몇 년 후에는 일부 내용은 버려야 할지도 모릅니다. 다만 저는 이 책을 읽고 아이들이 변하지 않는 것들과 변하는 것들을 구분할 줄 알게 되고, 변

하는 것에 대해 끊임없이 관심을 가지면서 사고를 확장시킬 수 있게 되길 바랍니다.

아직 어린이이기 때문에 빠르게 효과가 나타나지 않을 수도 있습니다. 하지만 쌓이고 쌓이면 달라질 것입니다.

어떤 책에 '돈'에는 발이 달려 있어 내가 가까이하려 하면 스스로 나에게 오고, 멀리하려 하면 알아서 달아난다고 합니다. 생각해 보면 돈을 가까이하려는 마음이 없는데 돈이 알아서 내 안으로 들어올 리 없습니다. 이 책을 읽은 부모와 '플레이코노미'를 경험한 아이들은 늘 돈이 가까이 있어 좀 더 풍요로운 삶을 살고, 사회에 긍정적인 영향을 미치는 사람이 되어 어려운 사람들 돕는 데 관대한 아이로 자랐으면 좋겠습니다.

이 글을 쓰고 있는 지금은 아이를 돌봐주시던 시어머니께서 허리 통증으로 고향에 내려가 치료를 받고 계시고, 남편은 건강 문제로 입원해 있는 상황입니다. 저는 혼자 두 아이를 등원시킨 후 출근해서 일을 하고, 퇴근 후 두 아이의 저녁밥을 챙기고, 씻기고 재워 놓은 후 새벽이 되어서야 겨우겨우 오랫동안 준비한 원고를 마무리하고 있습니다. 원고 마감 일자를 얼마 안 남기고 이런 상황에 놓이게 됐을 때, 처음에는 저의 마음이 마구 소용

돌이치는 것을 느꼈습니다. 하지만 이만큼까지 할 수 있었던 것은 정말 많은 사람의 도움이 있었다는 것을 깨닫고 다시 마음이 고요해짐을 바라보았습니다.

평일, 주말, 밤낮없이 원고를 쓴다며, 집을 비워도 아이들을 알뜰살뜰 잘 챙겨준 양가 부모님과 남편, 그리고 공동육아에 기꺼이 참여해주신 큰딸의 친구 어머님들께 무한한 감사를 드립니다. 또 놀이 진행 경험이 쌓일 수 있도록 초보 강사의 경제 수업에 참여해준 귀여운 친구들과 사진 활용을 허용해준 부모님들께도 진심으로 감사드립니다. 다양한 지식을 주시고도 책 작업에 조언을 아끼지 않으신 현장의 전문가이자 취재원님들, 그리고 보석 같은 추천사를 투척해 주신 인생의 스승님께도 고개 숙여 감사를 드립니다.

또 이렇게 책을 쓸 수 있도록 오랜 시간 경험의 기회를 준 한국경제TV와 응원을 아끼지 않은 동료들, 그리고 작가의 꿈을 이룰 수 있도록 기회를 주신 북오션 박영욱 대표님과 서정희 실장님께도 이 자리를 빌려 감사의 인사를 전합니다.

그리고 이 모든 시간 동안의 노력과 열정,

지혜와 감사를 나의 사랑하는 두 딸 설인이와 아인이에게 바칩니다.

2023년 전쟁 같던 12월의 어느 날 새벽

지수희